D1734873

P

W. H. Auden, geboren 1907 in York, gestorben 1973 in
Wien. Er studierte in Oxford, nahm am spanischen Bürger-
krieg teil und erlebte in China den chinesisch-japanischen
Krieg. 1935 heiratete er Erika Mann. Später emigrierte er
in die USA und wurde 1946 amerikanischer Staatsbürger.
Er war tätig als Dichter, Dozent, Kritiker und schrieb ge-
meinsam mit Christopher Isherwood Theaterstücke. W. H.
Auden gilt als einer der wichtigsten englischsprachigen
Lyriker des 20. Jahrhunderts. Neben anderen literarischen
Auszeichnungen bekam er 1948 den Pulitzerpreis. Zuletzt
bei Pendo erschienen »Aus Shakespeares Welt« (2001).

Hanno Helbling, geboren 1930, war Leiter der Feuilleton-
Redaktion der Neuen Zürcher Zeitung und ist noch jetzt
in Rom für die NZZ tätig. Er veröffentlichte vielbeachtete
Übersetzungen klassischer italienischer, französischer und
englischer Werke sowie Bücher und Aufsätze zur mittelalter-
lichen Geistesgeschichte.

W. H. Auden

Anhalten alle Uhren

Gedichte
Englisch/Deutsch
Herausgegeben von Hanno Helbling

Pendo Zürich München

Der englische Wortlaut der Gedichte folgt den Ausgaben
Collected Poems (1976, 1991) und *Collected Shorter Poems, 1927–1957* (1966)
bei Faber & Faber, London.

Die Übersetzungen von Simon Werle wurden mit freundlicher
Genehmigung des Piper Verlags, München, aus dem 1987 erschienenen
Band *Anrufung Ariels* übernommen. Die anderen Übersetzungen,
mit Ausnahme der Texte von Hanno Helbling, wurden mit freundlicher
Genehmigung aus dem 1973 im Europa Verlag, Wien, erschienenen
Band *Gedichte* übernommen.

© W. H. Auden 1965, 1966, 1968, 1969, 1972
Copyright für die deutsche Ausgabe:
© Pendo Verlag GmbH Zürich 2002
Umschlaggestaltung: Federico Luci, Köln,
unter Verwendung einer Zeichnung von Helge Leiberg
Gesetzt aus der New Baskerville
Satz: Satz für Satz. Barbara Reischmann, Leutkirch
Druck und Bindung: Clausen & Bosse, Leck
Printed in Germany
ISBN 3-85842-426-9

Inhalt

Für jeden Autor zerfällt wohl das eigene Werk, nachträglich be-
trachtet, in vier Gruppen. Erstens: der reine Schund, bei dem es
ihm leid tut, daß er ihm je hat einfallen können; zweitens – für ihn
am schmerzlichsten – die guten Ideen, aus denen wegen seiner
Unfähigkeit oder seiner Ungeduld nicht viel geworden ist (»The
Orators« scheinen mir solch ein Fall heilloser Verunstaltung eines
guten Gedankens zu sein); drittens: die Texte, gegen die er nichts
einzuwenden hat, außer daß sie nicht wirklich wichtig sind; sie bil-
den unvermeidlicher Weise den Hauptteil jeder Sammlung; denn
müßte er sich auf die vierte Gruppe beschränken – auf die Ge-
dichte, für die er aufrichtig dankbar ist –, würde sein Buch depri-
mierend dünn.

1944

Als ich 1944 zum erstenmal eine Sammlung meiner kürzeren Ge-
dichte herausgab, ordnete ich sie alphabetisch, nach ihren Anfän-
gen. Das mag töricht gewesen sein, aber ich hatte einen Grund.
Mit meinen siebenunddreißig Jahren war ich noch zu jung, um
mir der Richtung, in die ich mich bewegte, sicher zu sein, und
wollte verhindern, daß Kritiker ihre Zeit vergeudeten und Leser ir-
reführten, indem sie darüber Vermutungen anstellten, die sich
fast sicher als falsch erweisen würden. Heute, mit nahezu sechzig,
glaube ich mich und meine literarischen Absichten besser zu ken-
nen und habe nichts dagegen, wenn jemand meine Dichtungen in
historischer Perspektive betrachten will. So habe ich zwar hin und
wieder Gedichte um ihrer thematischen oder formalen Zusam-
mengehörigkeit willen verschoben, doch in der Hauptsache ist die
Reihenfolge chronologisch.

Ein paar Gedichte, die ich geschrieben und leider veröffent-
licht habe, sind weggefallen, weil sie unaufrichtig oder ungezogen
oder langweilig waren.

Unaufrichtig ist ein Gedicht, das – wie gekonnt auch immer –
Gefühle oder Überzeugungen ausdrückt, die sein Autor nie emp-
funden oder gewonnen hat. Ich habe zum Beispiel einmal den
Wunsch nach »neuen Baustilen« ausgedrückt, aber ich habe mo-

derne Architektur nie gemocht. Ich ziehe *alte* Stile vor, und man muß auch seinen Vorurteilen gegenüber aufrichtig sein. Oder ich habe, viel ärger, einmal geschrieben:

History to the defeated
May say alas but cannot help nor pardon.

Die Geschichte mag die Besiegten
bedauern, doch kann sie nicht helfen und kennt keine Gnade.

Wer das sagt, setzt das Gute mit dem Erfolg gleich. Es wäre schon schlimm gewesen, wenn ich diese bösartige Lehre vertreten hätte; aber daß ich sie vortrug, weil sie mir rhetorisch wirksam zu klingen schien, ist schlechterdings unverzeihlich.

In der Kunst wie im Leben ist Ungezogenheit – nicht zu verwechseln mit der bewußten Absicht, zu kränken – die Folge einer übersteigerten Sorge um das eigene Ego und mangelnder Aufmerksamkeit für die (und Kenntnis der) anderen. Leser darf man so wenig wie Freunde anschreien oder mit forscher Vertraulichkeit behandeln. Jungen Menschen kann man es nachsehen, wenn sie forsch oder laut sind; das heißt aber nicht, daß forsch oder laut zu sein Tugenden sind.

Langeweile ist eine subjektive Reaktion, doch wenn ein Gedicht seinen Autor zum Gähnen bringt, kann er nicht erwarten, daß sich ein weniger voreingenommener Leser durch seinen Text kämpfen wird.

Ein guter Teil der Gedichte ist überarbeitet worden. Ich habe bemerkt, daß Kritiker dazu neigen, Überarbeitungen ideologisch bedeutsam zu finden. Einer hat sogar großes Aufhebens von einer Variante gemacht, die tatsächlich ein Druckfehler war. Ich kann dazu nur sagen, daß ich nie – jedenfalls nie bewußt – versucht habe, meine früheren Gedanken oder Gefühle zu revidieren, sondern einzig die Sprache, in der ich sie zuerst ausgedrückt hatte, wenn sie mir beim Wiederlesen ungenau, leblos, weitschweifig oder mißtönend schien. In den Dreißigerjahren habe ich, wie ich jetzt feststelle, einige sehr nachlässige sprachliche Gewohnheiten angenommen. Der bestimmte Artikel ist immer eine Knacknuß für jeden Englisch schreibenden Dichter, aber meine Faszination durch das Deutsche wurde da zu einer Suchtkrankheit. Oder ich zucke zusammen, wenn ich sehe, wie bereitwillig ich -*or* und -*aw* als gleichlautend gelten ließ. In meinem Oxford-Dialekt sind sie es, aber das ist keine ausreichende Entschuldigung. Ich merke auch, daß mein Ohr den Reim eines stimmhaften auf ein stimmloses *S* nicht mehr erträgt. Ich habe ein paar solcher Reime stehen lassen müssen, weil ich vorläufig nicht sehe, wie ich sie loswerden könnte, aber ich verspreche, es nicht wieder zu tun. Ich bin, was Überarbeitungen im allgemeinen betrifft, der Meinung Valérys: »Ein Gedicht ist nie fertig, man gibt es nur auf.«

1965

The Wanderer

Doom is dark and deeper than any sea-dingle.
Upon what man it fall
In spring, day-wishing flowers appearing,
Avalanche sliding, white snow from rock-face,
That he should leave his house,
No cloud-soft hand can hold him, restraint by women;
But ever that man goes
Through place-keepers, through forest trees,
A stranger to strangers over undried sea,
Houses for fishes, suffocating water,
Or lonely on fell as chat,
By pot-holed becks
A bird stone-haunting, an unquiet bird.

There head falls forward, fatigued at evening,
And dreams of home
Waving from window, spread of welcome,
Kissing of wife under single sheet;
But waking sees
Bird-flocks nameless to him, through doorway voices
Of new men making another love.

Save him from hostile capture,
From sudden tiger's leap at corner;
Protect his house,
His anxious house where days are counted
From thunderbolt protect,
From gradual ruin spreading like a stain;
Converting number from vague to certain,
Bring joy, bring day of his returning,
Lucky with day approaching, with leaning dawn.

Der Wanderer

Dunkel ist Schicksal und tiefer als alle Täler der See.
Wen auch immer es trifft
Im Frühling, beim Anblick lichtsuchender Blumen,
Stürzender Lawinen und weißen Schnees vom Felsen,
Daß er sein Haus verlasse,
Den kann dunkel-sanfte Hand, der Frauen Zwang, nicht halten;
Sondern immer geht der
An Hütern vorbei, an Bäumen des Waldes,
Ein Fremder Fremden über wildes Meer,
Die Heimat der Fische, würgendes Wasser,
Oder einsam im Moor als Schnepfe,
Am ausgewaschenen Bach
Ein Vogel, Steine bezaubernd, ein unruhiger Vogel.

Dort fällt sein Kopf nach vorn, müde am Abend,
Und träumt von zu Hause,
Winken vom Fenster, warmes Willkommen,
Küsse der Frau unter der Decke;
Aber erwachend bemerkt er
Vogelschwärme, für ihn ohne Namen, durch den Eingang Stimmen
Fremder Männer, die auf andre Art lieben.

Bewahre ihn vor feindlicher Gefangennahme,
Vor des Tigers unvermutetem Sprung an der Ecke;
Beschütze sein Haus,
Sein besorgtes Haus, wo Tage gezählt werden,
Vor dem Blitz beschütze es,
Vor langsamem Zerfall, der sich wie Schande verbreitet;
Verwandle vage Zeichen in gewisse,
Bring Freude, bring den Tag seiner Heimkehr,
Glück mit dem kommenden Tag, mit dem Morgen, der dämmert.

Deutsch von Astrid Claes und E. Lohner

As I Walked Out One Evening

As I walked out one evening,
    Walking down Bristol Street,
The crowds upon the pavement
    Were fields of harvest wheat.

And down by the brimming river
    I heard a lover sing
Under an arch of the railway:
    »Love has no ending.

I'll love you, dear, I'll love you
    Till China and Africa meet,
And the river jumps over the mountain
    And the salmon sing in the street,

I'll love you till the ocean
    Is folded and hung up to dry
And the seven stars go squawking
    Like geese about the sky.

The years shall run like rabbits,
    For in my arms I hold
The Flower of the Ages,
    And the first love of the world.«

But all the clocks in the city
    Began to whirr and chime:
»O let not Time deceive you,
    You cannot conquer Time.

In the burrows of the Nightmare
    Where Justice naked is,
Time watches from the shadow
    And coughs when you would kiss.

Als ich eines Abends ausging

Als ich eines Abends ausging,
    Durch die Bristolstraße schritt,
Da war die Menge am Gehsteig
    Ein Weizenfeld vor dem Schnitt.

Ich hörte beim schäumenden Fluß,
    Wo der Eisenbahnbogen sich schwang:
»Liebe hat kein Ende.«
    Das war ein Verliebter, der sang.

»Ich liebe dich, Liebe, ich lieb dich,
    Bis der Fluß den Berg überspringt,
Bis sich China und Afrika treffen
    Und der Fisch auf der Straße singt.

Ich lieb dich, bis vom Wäschestrick
    Der trocknende Ozean weht
Und eine schreiende Gänseschar statt
    Der sieben Sterne am Himmel steht.

Wie Hasen sollen die Jahre
    Laufen. Mein Arm hält
Die Blume aller Zeiten
    Und die erste Liebe der Welt.«

Von den Glockentürmen der Stadt
    Aber scholl es und schrie:
»Laß nicht die Zeit dich trügen,
    Du besiegst die Zeit nie.

In den Wühlstollen des Alptraums,
    Wo Gerechtigkeit nackt sein muß,
Wartet die Zeit unter Schatten
    Und hustet vor deinem Kuß.

In headaches and in worry
    Vaguely life leaks away,
And Time will have his fancy
    To-morrow or to-day.

Into many a green valley
    Drifts the appalling snow;
Time breaks the threaded dances
    And the diver's brilliant bow.

O plunge your hands in water,
    Plunge them in up to the wrist;
Stare, stare in the basin
    And wonder what you've missed.

The glacier knocks in the cupboard,
    The desert sighs in the bed,
And the crack in the tea-cup opens
    A lane to the land of the dead.

Where the beggars raffle the banknotes
    And the Giant is enchanting to Jack,
And the Lily-white Boy is a Roarer,
    And Jill goes down on her back.

O look, look in the mirror,
    O look in your distress;
Life remains a blessing
    Although you cannot bless.

O stand, stand at the window
    As the tears scald and start;
You shall love your crooked neighbour
    With your crooked heart.«

It was late, late in the evening,
    The lovers they were gone;
The clocks had ceased their chiming,
    And the deep river ran on.

November 1937

In Kopfschmerz und in Sorgen
    Wird das Leben im Nebel verstreut,
Die Zeit tut, was ihr einfällt,
    Morgen oder heut.

In viele grüne Täler
    Weht der schlimme Schnee;
Zeit bricht die verschlungenen Tänze
    Und des Tauchers Sprung in die See.

O tauch deine Hände ins Wasser,
    Tauch ein bis ans Handgelenk,
Starre, starre ins Becken
    Und was du versäumt hast, denk.

Der Gletscher poltert im Kasten,
    Im Bett die Wüste ächzt,
Bis die Straße ins Land der Toten
    Aus dem Sprung in der Teetasse wächst.

Wo die Bettler Banknoten verlottern
    Und der Riese die Kinder nicht frißt,
Und der Däumling ein schrecklicher Raufbold
    Und Mariechen gefallen ist.

O schau, schau in den Spiegel,
    Schau deinen Kummer an;
Dir auch ist Leben ein Segen,
    Dir, der nicht segnen kann.

O steh, steh beim Fenster,
    Jetzt kommt der Träne Schmerz;
Du sollst lieben den krummen Nachbar
    Mit deinem krummen Herz.«

Es war spät, spät am Abend,
    Keine Glocke rief;
Die Liebenden waren gegangen
    Und der Fluß rann tief.

Deutsch von Ernst Jandl

Stop all the clocks, cut off the telephone

Stop all the clocks, cut off the telephone,
Prevent the dog from barking with a juicy bone,
Silence the pianos and with muffled drum
Bring out the coffin, let the mourners come.

Let aeroplanes circle moaning overhead
Scribbling on the sky the message He Is Dead,
Put crêpe bows round the white necks of the public doves,
Let the traffic policemen wear black cotton gloves.

He was my North, my South, my East and West,
My working week and my Sunday rest,
My noon, my midnight, my talk, my song;
I thought that love would last for ever: I was wrong.

The stars are not wanted now: put out every one;
Pack up the moon and dismantle the sun;
Pour away the ocean and sweep up the wood;
For nothing now can ever come to any good.

April 1936

Anhalten alle Uhren, Telephon abstellen

Anhalten alle Uhren, Telephon abstellen,
der Hund mit seinem leckern Knochen soll nicht bellen;
keine Klaviere jetzt; laßt dumpf die Trommel rühren,
den Sarg heraus zu begleiten, die Trauergäste zu führen.

Über unseren Köpfen sollen Flugzeuge kreisen und klagen
und in den Himmel die Botschaft eintragen: Er ist tot.
Den städtischen Tauben legt einen Flor um die weißen Kragen,
die Verkehrspolizisten laßt schwarze Handschuhe tragen.

Er war mein Norden, mein Süden, mein Ost und mein West,
meine Arbeitswoche, mein Sonntagsfest,
mein Mittag, meine Mitternacht, mein Gespräch, mein Gesang;
ich meinte, die Liebe daure ein Leben lang; das war falsch.

Die Sterne braucht es jetzt nicht: löscht das Licht ihnen allen;
den Mond packt ein und die Sonne laßt fallen;
Gießt den Ozean aus und den Wald reißt ein:
Von jetzt an kann nichts mehr von Gutem sein.

Deutsch von Hanno Helbling

Roman Wall Blues

(Twelve Songs XI)

Over the heather the wet wind blows,
I've lice in my tunic and a cold in my nose.

The rain comes pattering out of the sky,
I'm a Wall soldier, I don't know why.

The mist creeps over the hard grey stone,
My girl's in Tungria; I sleep alone.

Aulus goes hanging around her place,
I don't like his manners, I don't like his face.

Piso's a Christian, he worships a fish;
There'd be no kissing if he had his wish.

She gave me a ring but I diced it away;
I want my girl and I want my pay.

When I'm a veteran with only one eye
I shall do nothing but look at the sky.

October 1937

Roman Wall Blues

Über die Heide bläst naß der Wind,
Mein Rock ist verlaust und die Nase rinnt,

Der Himmel klatscht Regen aufs graue Land,
Bin Soldat an der Mauer – Zweck unbekannt.

Der Nebel kriecht übers harte Gestein.
Hab ein Mädel in Tungria; schlafe allein.

Vor ihrem Haus macht sich Aulus dick,
Mag den Kerl nicht – seine Art, seinen Blick.

Piso ist Christ, verehrt einen Fisch;
Mault, wenn er einen beim Küssen erwischt.

Sie gab mir 'nen Ring – ist beim Würfeln verrollt;
Ich will mein Mädel und ich will meinen Sold.

Wenn ich Veteran bin mit bloß einem Aug,
Wird nichts mehr getan als zum Himmel geschaut.

Deutsch von Ernst Jandl

Oxford

Nature invades: old rooks in each college garden
Still talk, like agile babies, the language of feeling,
By towers a river still runs coastward and will run,
    Stones in those towers are utterly
    Satisfied still with their weight.

Mineral and creature, so deeply in love with themselves
Their sin of accidie excludes all others,
Challenge our high-strung students with a careless beauty,
    Setting a single error
    Against their countless faults.

Outside, some factories, then a whole green county
Where a cigarette comforts the evil, a hymn the weak,
Where thousands fidget and poke and spend their money:
    Eros Paidagogos
    Weeps on his virginal bed.

And over this talkative city like any other
Weep the non-attached angels. Here too the knowledge of death
Is a consuming love, and the natural heart refuses
    A low unflattering voice
    That sleeps not till it find a hearing.

December 1937

Oxford

Natur dringt ein: alte Krähen in jedem College-Garten
Plappern noch immer, wie lebhafte Babies, die Sprache der
Gefühle,
An Türmen vorbei zieht noch immer ein Fluß meerwärts,
läuft weiter.
Die Steine in diesen Türmen sind noch immer
Äußerst zufrieden mit ihrem Gewicht.

Mineral und Geschöpf, so tief verliebt in sich selber,
Ihre Sünde des Falles hebt jede andere auf,
Sie fordern unsere hochgestimmten Studenten heraus mit
sorgloser Schönheit,
Einen einzigen Irrtum
Setzend gegen ihre unzähligen Fehler.

Draußen, einige Fabriken, dann das ganze grüne Land,
Wo eine Zigarette dem Bösen behagt, eine Hymne dem Schwachen,
Wo Tausende geschäftig sind und sich plagen und Geld
verschwenden,
Eros Paidagogos
Schluchzt in seinem virginalen Bett.

Und über dieser gesprächigen Stadt, wie jeder anderen,
Weinen gleichmütige Engel. Hier ist Wissen vom Tode
Nichts als verzehrende Liebe; und das natürliche Herz erschrickt
Vor der tiefen anklagenden Stimme
Die nicht einschläft bevor sie gehört wird.

Deutsch von Herta F. Staub

Dover

Steep roads, a tunnel through chalk downs, are the approaches;
A ruined pharos overlooks a constructed bay;
The sea-front is almost elegant; all the show
Has, inland somewhere, a vague and dirty root:
　　　Nothing is made in this town.

A Norman castle, dominant, flood-lit at night,
Trains which fume in a station built on the sea,
Testify to the interests of its regular life:
Here dwell the experts on what the soldiers want,
　　　And who the travellers are

Whom ships carry in or out between the lighthouses,
Which guard for ever the made privacy of this bay
Like twin stone dogs opposed on a gentleman's gate.
Within these breakwaters English is properly spoken,
　　　Outside an atlas of tongues.

The eyes of departing migrants are fixed on the sea,
Conjuring destinies out of impersonal water:
»I see an important decision made on a lake,
An illness, a beard, Arabia found in a bed,
　　　Nanny defeated, Money.«

Red after years of failure or bright with fame,
The eyes of homecomers thank these historical cliffs:
»The mirror can no longer lie nor the clock reproach;
In the shadow under the yew, at the children's party,
　　　Everything must be explained.«

The Old Town with its Keep and Georgian houses
Has built its routine upon such unusual moments;
Vows, tears, emotional farewell gestures,
Are common here, unremarkable actions
　　　Like ploughing or a tipsy song.

Dover

Laufgräben sind sie, die steilen Straßen, der Tunnel im Kalkfels;
Ein zerstörter Leuchtturm blickt über die künstliche Bucht;
Die Wasserfront beinah elegant; der theatralische Anblick
Hat irgendwo landeinwärts unsaubere Wurzeln:
    Nichts wird geschaffen in dieser Stadt.

Ein Normannenschloß, beherrschend, erleuchtet bei Nacht,
Züge unter Dampf in Stationen hinausgebaut in die See,
Bezeugen die Interessen ihres alltäglichen Lebens:
Experten prüfen die Wünsche der Soldaten
    Und die Herkunft der Reisenden.

Die kommen und gehen auf Schiffen zwischen den Feuern
Der Türme, bewachend für immer den Besitz dieser Bucht,
Wie steinerne Doggen das Tor eines Landguts.
Innerhalb der Wellenbrecher spricht man schickliches Englisch;
    Außerhalb ein Atlas von Stimmen.

Die Augen der Abreisenden sind fixiert auf die See,
Schicksal beschwörend aus unpersönlichem Wasser:
»Ich seh eine wichtige Entscheidung, gefällt an einem Ufer,
Eine Krankheit, einen Bart, Arabien gefunden in einem Bett,
    Nanny besiegt, Reichtum.«

Rot nach Jahren der Niederlagen oder leuchtend von Ruhm,
Danken die Augen der Wiederkehrenden den historischen Klippen:
»Der Spiegel wird nicht länger lügen und die Uhr nicht verklagen
Im Schatten unter der Eibe, bei den Festen der Kinder,
    Alles ist doch erklärbar.«

Die Altstadt mit dem Keepturm und den Georgianischen Häusern
Hat Gewohnheit errichtet über ungewöhnlichem Anlaß;
Versprechungen, Tränen, gefühlvolle Abschiedsgebärden
Sind alltägliche, kaum noch bemerkte Aktionen,
    Wie das Pflügen oder besoffner Gesang.

Soldiers crowd into the pubs in their pretty clothes,
As pink and silly as girls form a high-class academy;
The Lion, The Rose, The Crown, will not ask them to die,
Not here, not now: all they are killing is time,
     A pauper civilian future.

Above them, expensive, shiny as a rich boy's bike,
Aeroplanes drone through the new European air
On the edge of a sky that makes England of minor importance;
And tides warn bronzing bathers of a cooling star
     With half its history done.

High over France, a full moon, cold and exciting
Like one of those dangerous flatterers we meet and love
When we are utterly wretched, returns our stare:
The night has found many recruits; to thousands of pilgrims
     The Mecca is coldness of heart.

The cries of the gulls at dawn are sad like work:
The soldier guards the traveller who pays for the soldier,
Each prays in a similar way for himself, but neither
Controls the years or the weather. Some may be heroes:
     Not all of us are unhappy.

August 1937

Soldaten füllen die Pubs, in ihren adretten Monturen
Rosig und töricht wie Mädchen beim Schulausflug;
Der Löwe, Die Rose, Die Krone verlangen nicht daß sie sterben,
Nicht hier, nicht jetzt: was sie töten ist Zeit,
    Eine arme zivilistische Zukunft.

Über ihnen, kostbar, blinkend wie verwöhnter Knaben Fahrrad,
Dröhnen Aeroplane in der neuen Europa-Luft,
Am Rand eines Himmels der Englands Werte verkleinert;
Und die Gezeiten warnen die bronzenen Schwimmer eines
                                erkaltenden Sterns,
    Dessen Geschichte zur Hälfte vorbei ist.

Hoch über Frankreich ein voller Mond, kalt und verführend
Wie einer der gefährlichen Schmeichler, die wir treffen und lieben,
Erschöpft, und er wirft uns zurück unser Anstarrn.
Die Nacht findet viele Rekruten, für Tausende Pilger
    Ist die Herzenskälte ein Mekka.

Schreie der Möwen am Morgen sind traurig wie Arbeit,
Soldaten bewachen den Reisenden, der für sie bezahlt;
Jeder betet auf ähnliche Art für sich selber, und keiner
Beachtet die Jahre, das Wetter, manche sind Helden,
    Nicht alle von uns sind im Unglück.

Deutsch von Herta F. Staub

Death's Echo

»O who can ever gaze his fill,«
    Farmer and fisherman say
»On native shore and local hill,
Grudge aching limb or callus on the hand?
Father, grandfather stood upon this land,
And here the pilgrims from our loins will stand.«
    So farmer and fisherman say
    In their fortunate hey-day:
But Death's low answer drifts across
Empty catch or harvest loss
    Or an unlucky May.
The earth is an oyster with nothing inside it,
    Not to be born is the best for man;
The end of toil is a bailiff's order,
    Throw down the mattock and dance while you can.

»O life's too short for friends who share,«
    Travellers think in their hearts,
»The city's common bed, the air,
The mountain bivouac and the bathing beach,
Where incidents draw every day from each
Memorable gesture and witty speech.«
    So travellers think in their hearts,
    Till malice or circumstance parts
Them from their constant humour:
And slyly Death's coercive rumour
    In that moments starts.
A friend is the old old tale of Narcissus,
    Not to be born is the best for man;
An active partner in something disgraceful,
    Change your partner, dance while you can.

»O stretch your hands across the sea,«
    The impassioned lover cries,

Des Todes Echo

»O wer kann je das Ganze schaun«,
   Sagen Farmer und Fischer,
»Am Kindheitsstrand und Hügel der Heimat,
Und doch Gliederschmerzen beklagen oder Schwielen an der
                                 Hand?
Väter und Ahnen standen auf diesem Land,
Und hier werden die, die wir zeugen, stehn.«
   So sagen Farmer und Fischer
   Am glücklichen Erntetag:
Doch des Todes sanfte Antwort überschwemmt
Leeren Fang und verlorne Ernte
   Und ein freudloses Frühjahr.
Die Erde ist eine perlenlose Auster.
   Nicht geboren zu sein, ist für den Menschen das Beste,
Das Ende der Plage ist eines Landvogts Bescheid,
   Wirf die Hacke weg, tanze, so lange du kannst.

»O ein Leben ist zu kurz für teilende Freunde«,
   Glauben Reisende in ihrem Herzen,
»Der Stadt gemeines Bett, die Luft,
Das Nachtlager in den Bergen und der Badestrand,
Wo Zufälle jeden Tag jedem
Denkwürdige Gesten und geistreiche Reden entlocken.«
   So glauben Reisende in ihrem Herzen,
   Bis Bosheit und Zufall ihnen
Ihre stetige Fröhlichkeit nehmen:
Und verschlagen des Todes zwingendes Gerücht
   Im Schweigen umgeht.
Ein Freund ist die uralte Mär des Narziß.
   Nicht geboren zu sein, ist für den Menschen das Beste;
Ein geschäftiger Partner in schimpflicher Handlung,
   Wechsle den Partner, tanze, so lange du kannst.

»O strecke deine Hände übers Meer«,
   Ruft der ruhelos Liebende,

»Stretch them towards your harm and me.
Our grass is green, and sensual our brief bed,
The stream sings at its foot, and at its head
The mild and vegetarian beasts are fed.«
    So the impassioned lover cries
    Till the storm of pleasure dies:
From the bedpost and the rocks
Death's enticing echo mocks,
    And his voice replies.
The greater the love, the more false to its object,
    Not to be born is the best for man;
After the kiss comes the impulse to throttle,
    Break the embraces, dance while you can.

»I see the guilty world forgiven,«
    Dreamer and drunkard sing,
»The ladders let down out of heaven,
The laurel springing from the martyr's blood,
The children skipping where the weeper stood,
The lovers natural and the beasts all good.«
    So dreamer and drunkard sing
    Till day their sobriety bring:
Parrotwise with death's reply
From whelping fear and nesting lie,
    Woods and their echoes ring.
The desires of the heart are as crooked as corkscrews,
    Not to be born is the best for man;
The second-best is a formal order,
    The dance's pattern; dance while you can.
Dance, dance, for the figure is easy,
    The tune is catching and will not stop;
Dance till the stars come down from the rafters;
    Dance, dance, dance till you drop.

1936

»Strecke sie aus bis zu deinem Leid und mir.
Unser Gras ist grün und sinnlich unser kurzes Bett,
Der Fluß singt an seinem Fuß, und an seinem Kopf
Werden sanfte und pflanzenfressende Tiere gefüttert.«
  So ruft der ruhelos Liebende,
  Bis sein Freudenrausch stirbt:
Von Bettpfosten und Felsen
Höhnt des Todes lockendes Echo,
  Und seine Stimme antwortet.
Je größer die Liebe, um so lügenhafter für ihren Gegenstand.
  Nicht geboren zu sein, ist für den Menschen das Beste;
Nach dem Kuß kommt der Wunsch zu erwürgen,
  Löse die Umarmung, tanze, so lange du kannst.

»Ich sehe die Weltschuld vergeben«,
  Singen Träumer und Trunkne,
»Die Leitern heruntergelassen aus dem Himmel,
Den Lorbeer sprießen aus der Märtyrer Blut,
Die Kinder seilspringen, wo die Weinenden standen,
Die Liebenden wahrhaft und alle Tiere gut.«
  So singen Träumer und Trunkne,
  Bis der Tag sie nüchtern macht:
Mechanisch klingen mit des Todes Antwort
Von tragender Frucht und nistender Lüge
  Wälder und ihre Echos wider.
Die Wünsche des Herzens sind wie Spiralen gewunden.
  Nicht geboren zu sein, ist für den Menschen das Beste;
Das Zweitbeste ist eine vorgezeichnete Regel,
  Des Tanzes Muster; tanze, so lange du kannst,
Tanze, Tanze, denn die Figur ist leicht,
  Die Musik ist mitreißend und wird nicht aufhören;
Tanze, bis mit den Dachbalken die Sterne herunterfallen;
  Tanze, tanze, tanze, bis du umfällst.

Deutsch von Astrid Claes und E. Lohner

Musée des Beaux Arts

About suffering they were never wrong,
The Old Masters: how well they understood
Its human position; how it takes place
While someone else is eating or opening a window or just walking
                                                                dully along;
How, when the aged are reverently, passionately waiting
For the miraculous birth, there always must be
Children who did not specially want it to happen, skating
On a pond at the edge of the wood:
They never forgot
That even the dreadful martyrdom must run its course
Anyhow in a corner, some untidy spot
Where the dogs go on with their doggy life and the torturer's horse
Scratches its innocent behind on a tree.

In Brueghel's *Icarus*, for instance: how everything turns away
Quite leisurely from the disaster; the ploughman may
Have heard the splash, the forsaken cry,
But for him it was not an important failure; the sun shone
As it had to on the white legs disappearing into the green
Water; and the expensive delicate ship that must have seen
Something amazing, a boy falling out of the sky,
Had somewhere to get to and sailed calmly on.

December 1938

Musée des Beaux Arts

Über Leiden waren sie niemals geteilter Meinung,
Die alten Meister: Wie gut sie wußten,
Wie es für sich ist und einfach stattfindet,
Während irgendeiner ißt oder ein Fenster öffnet oder gerade
                                            vorbeigeht;
Wie immer, wenn die Alten in bangem Aufruhr
Auf die wunderbare Ankunft warten,
Kinder da sein müssen, die das nicht sonderlich wünschen,
Und schlittschuhlaufen auf einem Teich am Waldrand.
Niemals vergaßen die Meister,
Daß man an Straßenecken foltert oder auf unsauberen Plätzen,
Wo Hunde eben wie Hunde herumstehn und des
Quälers Pferd, hinten an einem Baum,
Gleichgültig scharrt.

Breughels ›Icarus‹ zum Beispiel: Wie alles sich
Von dem Unheil müßig abwendet; der Pflüger hörte wohl
Den Aufprall, den einsamen Schrei,
Aber für ihn stand nicht viel auf dem Spiel; die Sonne schien,
Wie sie mußte, auf die weißen Beine, die im grünen Wasser
                                            verschwanden;
Und das Prunkschiff, das freilich etwas Erstaunliches sah,
Einen Knaben, der vom Himmel fiel,
Hatte irgendwo anzukommen und nahm ruhig seinen Weg.

Deutsch von Astrid Claes und E. Lohner

Sonnets from China

I

So from the years their gifts were showered: each
Grabbed at the one it needed to survive;
Bee took the politics that suit a hive,
Trout finned as trout, peach moulded into peach,

And were successful at their first endeavour.
The hour of birth their only time in college,
They were content with their precocious knowledge,
To know their station and be right for ever.

Till, finally, there came a childish creature
On whom the years could model any feature,
Fake, as chance fell, a leopard or a dove,

Who by the gentlest wind was rudely shaken,
Who looked for truth but always was mistaken,
And envied his few friends, and chose to love.

II

They wondered why the fruit had been forbidden:
It taught them nothing new. They hid their pride,
But did not listen much when they were chidden:
They knew exactly what to do outside.

They left. Immediately the memory faded
Of all they'd known: they could not understand
The dogs now who before had always aided;
The stream was dumb with whom they'd always planned.

They wept and quarrelled: freedom was so wild.
In front maturity as he ascended
Retired like a horizon from the child,

Sonette aus China

I

So stürzten aus den Jahren ihre Gaben:
sie griffen zu, da es ihr Leben galt;
die Biene nahm das Maß für ihre Waben,
Hecht schwamm als Hecht und Mohn fand Mohngestalt.

Es glückte allen in der ersten Runde;
mit der Geburt war ihre Schule aus.
Zufrieden mit frühreifer Lebenskunde
befanden sie sich richtig und zuhaus.

Bis ganz zuletzt ein Kindgeschöpf erschien,
in das die Jahre, wie es grade kam,
alles kopierten, Panther oder Lamm,

das schon ein sanfter Wind ins Wanken brachte,
das Wahrheit suchte und sich stets versah,
auf Freunde neidisch und bereit zu lieben.

II

Warum die Frucht wohl als verboten galt?
Für sie nichts Neues mehr; wohl schwiegen sie,
doch hörten sie kaum hin, als man sie schalt:
was sie nun draußen täten, wußten sie.

Sie gingen fort. Und sogleich sank ein Schatten
auf alles einst Gewußte: sie verstanden
die Hunde nicht, die stets geholfen hatten;
der Fluß blieb stumm, den sie verläßlich fanden.

Sie weinten, zankten sich: die Freiheit war so schwer.
Und vor dem Kind, da es nach oben strebte,
wich seine Reife wie ein Horizont.

The dangers and the punishments grew greater,
And the way back by angels was defended
Against the poet and the legislator.

III

Only a smell had feelings to make known,
Only an eye could point in a direction,
The fountain's utterance was itself alone:
He, though, by naming thought to make connection

Between himself as hunter and his food;
He felt the interest in his throat and found
That he could send a servant to chop wood
Or kiss a girl to rapture with a sound.

They bred like locusts till they hid the green
And edges of the world: confused and abject,
A creature to his own creation subject,

He shook with hate for things he'd never seen,
Pined for a love abstracted from its object,
And was oppressed as he had never been.

IV

He stayed, and was imprisoned in possession:
By turns the seasons guarded his one way,
The mountains chose the mother of his children,
In lieu of conscience the sun ruled his day.

Beyond him, his young cousins in the city
Pursued their rapid and unnatural courses,
Believed in nothing but were easy-going,
Far less afraid of strangers than of horses.

Gefahr und Strafe wuchsen mehr und mehr,
den Rückweg aber sperrte eine Front
von Engeln dem Poeten und dem Richter.

III

Nur ein Geruch lud zu Gefühlen ein,
nur Augen wiesen einen Himmelsstrich,
die Quelle sagte nichts als sich allein:
ihm aber schien, durch Namen knüpfe sich

ein Band von ihm, dem Jäger, zu der Beute;
er spürte seiner Kehle nach, entdeckte,
wie sich ein Knecht nach Kleinholz schicken ließ
und welcher Ton im Kuß ein Mädchen weckte.

Sie zeugten fort, wie Heuschrecken das Grün
bedeckend bis zum Weltrand; wirr und elend,
der eigenen Schöpfung untertanes Wesen,

von Haß gepackt auf nie gesehene Dinge,
nach Liebe ohne Gegenstand sich sehnend,
war er bedrückt, wie er noch nie gewesen.

IV

Er blieb, Besitz ergriff ihn: wechselnd wachten
die Jahreszeiten über seinen Weg;
der Berg wählte die Mutter seiner Kinder,
die Sonne bürgte ihm für seinen Tag.

Die jungen Vettern drüben in der Stadt
verfolgten ihre künstlich schnellen Fährten,
glaubten an nichts, doch waren sie getrost
und nicht so scheu vor Fremden wie vor Pferden.

He, though, changed little,
But took his colour from the earth,
And grew in likeness to his fowls and cattle.

The townsman thought him miserly and simple,
Unhappy poets took him for the truth,
And tyrants held him up as an example.

V

His care-free swager was a fine invention:
Life was too slow, too regular, too grave.
With horse and sword he drew the girls' attention,
A conquering hero, bountiful and brave.

To whom teen-agers looked for liberation:
At his command they left behind their mothers,
Their wits were sharpened by the long migration,
His camp-fires taught them all the horde were brothers.

Till what he came to do was done: unwanted,
Grown seedy, paunchy, pouchy, disappointed,
He took to drink to screw his nerves to murder,

Or sat in offices and stole,
Boomed at his children about Law and Order,
And hated life with heart and soul.

VI

He watched the stars and noted birds in flight;
A river flooded or a fortress fell:
He made predictions that were sometimes right;
His lucky guesses were rewarded well.

Dagegen er veränderte sich nie,
nur lieh er sich die Farbe von der Erde
und ähnelte allmählich seinem Vieh.

Beschränkt und geizig fanden ihn die Städter,
gequälte Dichter nahmen ihn für Wahrheit,
als Beispiel priesen ihn die Volkserretter.

V

Sorglos zu prahlen war ein guter Trick:
das Leben war so ernst und regelmäßig.
Mit Pferd und Schwert fing er den Mädchenblick,
ein Held, unwiderstehlich, kühn und lässig.

Teenager wollten sich durch ihn befreien:
auf seinen Wink entliefen sie den Müttern,
die weiten Wege schärften ihre Geister,
sein Lagerfeuer machte sie zu Brüdern.

Bis dann getan war, was zu tun war: ausgedient,
enttäuscht, verkommen, fett und fahl
saß er beim Trunk, um sich auf Mord zu stimmen,

oder an Schreibtischen und stahl,
warb für Gesetzlichkeit bei seinen Kindern
und haßte aus dem Herzensgrund das Leben.

VI

Er sah auf Sternenstand und Vogelflug;
ein Fluß trat über, eine Festung fiel:
sein Prophezeien war nicht immer Trug,
und traf es zu, so brachte es ihm viel.

Falling in love with Truth before he knew Her,
He rode into imaginary lands,
By solitude and fasting hoped to woo Her,
And mocked at those who served Her with their hands.

Drawn as he was to magic and obliqueness,
In Her he honestly believed, and when
At last She beckoned to him he obeyed,

Looked in Her eyes: awe-struck but unafraid,
Saw there reflected every human weakness,
And knew himself as one of many men.

VII

He was their servant (some say he was blind),
Who moved among their faces and their things:
Their feeling gathered in him like a wind
And sang. They cried »It is a God that sings«,

And honoured him, a person set apart,
Till he grew vain, mistook for personal song
The petty tremors of his mind or heart
At each domestic wrong.

Lines came to him no more; he had to make them
(With what precision was each strophe planned):
Hugging his gloom as peasants hug their land,

He stalked like an assassin through the town,
And glared at men because he did not like them,
But trembled if one passed him with a frown.

Die Wahrheit liebend, ehe er sie kannte,
zog er in Länder seiner Phantasie;
einsam und fastend warb er dort um sie,
voll Spott auf den, der tätig nach ihr drängte.

So sehr es ihn zu Zauberblendwerk zog,
an sie glaubte er fest, und als sie ihm
endlich das Zeichen gab, war er gehorsam,

sah ihr ins Aug', ehrfürchtig, doch nicht furchtsam,
fand jede Menschenschwäche dort gespiegelt
und wußte, daß er einer war von vielen.

VII

Er war ihr Diener (vielleicht war er blind?),
ging um zwischen Gesichtern, unter Dingen:
ihr Fühlen überfiel ihn wie ein Wind
und sang. Man rief »Hört ihr den Gott nicht singen«

und ehrte ihn als ausgespartes Wesen.
Er wurde eitel, hielt das schwache Beben
im Herzen oder Geist vor jeder Unbill
schon für ein Dichterleben.

Verse kamen nicht mehr; er mußte sie machen
(und wie akkurat er jede Strophe baute):
seine Schwermut hegend wie sein Land der Bauer,

schritt er durch die Straßen wie ein Mörder,
starrte auf die Männer, weil er sie nicht mochte,
aber zitterte, wenn einer finster schaute.

VIII

He turned his field into a meeting-place,
Evolved a tolerant ironic eye,
Put on a mobile money-changer's face,
Took up the doctrine of Equality.

Strangers were hailed as brothers by his clocks,
With roof and spire he built a human sky,
Stored random facts in a museum box,
To watch his treasure set a paper spy.

All grew so fast his life was overgrown,
Till he forgot what all had once been made for:
He gathered into crowds but was alone,

And lived expensively but did without,
No more could touch the earth which he had paid for
Nor feel the love which he knew all about.

IX

He looked in all His wisdom from His throne
Down on the humble boy who herded sheep,
And sent a dove. The dove returned alone:
Song put a charmed rusticity to sleep.

But He had planned such future for this youth:
Surely, His duty now was to compel,
To count on time to bring true love of truth
And, with it, gratitude. His eagle fell.

It did not work: His conversation bored
The boy, who yawned and whistled and made faces,
And wriggled free from fatherly embraces,

VIII

Er machte sein Feld zu einer Begegnungsstätte,
erfand einen nachsichtig ironischen Blick;
mit beweglicher Geldwechslermiene
übernahm er die Lehre vom gleichen Glück.

Seine Uhren begrüßten Fremde als Brüder,
aus Dach und Turm wurde ein Himmel gemacht,
mit Zufallsobjekten füllte er ein Museum,
durch einen Papierspion wurde sein Schatz bewacht.

So schnell überwucherte alles sein Leben,
bis er vergaß, wofür alles geschaffen war:
vielen schloß er sich an, doch war er allein

und lebte mit Aufwand, aber unter Verzichten,
ohne den Boden, für den er bezahlen mußte,
und ohne die Liebe, von der er doch alles wußte.

IX

Allweise blickte Er von seinem Thron
auf das bescheidne Kind bei seinen Schafen;
sandte die Taube; die kam bald zurück:
Gesang ließ Ländlichkeit verzaubert schlafen.

Er aber hatte Seinen Plan: gewiß,
es ging nicht ohne Zwang und brauchte Zeit,
die wahre Wahrheitsliebe reifen ließ
und Dankbarkeit. Sein Adler war bereit.

Es klappte nicht: Sein Reden ging ins Leere;
der Knabe gähnte, schnitt Gesichter, pfiff
und wand sich aus dem väterlichen Griff;

But with His messenger was always willing
To get where it suggested, and adored,
And learned from it so many ways of killing.

X

So an age ended, and its last deliverer died
In bed, grown idle and unhappy; they were safe:
The sudden shadow of a giant's enormous calf
Would fall no more at dusk across their lawns outside.

They slept in peace: in marshes here and there no doubt
A sterile dragon lingered to a natural death,
But in a year the slot had vanished from the heath;
A kobold's knocking in the mountain petered out.

Only the sculptors and the poets were half-sad,
And the pert retinue from the magician's house
Grumbled and went elsewhere. The vanquished powers were glad

To be invisible and free: without remorse
Struck down the silly sons who strayed into their course,
And ravished the daughters, and drove the fathers mad.

XI

Certainly praise: let song mount again and again
For life as it blossoms out in a jar or a face,
For vegetal patience, for animal courage and grace:
Some have been happy; some, even, were great men.

But hear the morning's injured weeping and know why:
Ramparts and souls have fallen; the will of the unjust
Has never lacked an engine; still all princes must
Employ the fairly-noble unifying lie.

doch Seinem Boten war er stets zu Willen
und folgte seinem Wink, gab ihm die Ehre
und lernte auf so viele Weisen töten.

X

Ein Zeitalter endete so, und sein letzter Befreier
starb träg und traurig im Bett; jetzt waren sie sicher:
der Schatten der riesigen Wade eines Giganten
fiel nicht mehr im Zwielicht auf ihre Gärten.

Sie schliefen ruhig: in Sümpfen da oder dort
lebte gewiß noch ein zahnloser Drache,
aber nach einem Jahr verlor sich seine Fährte;
eines Kobolds Pochen klang im Berg nur schwach noch fort.

Einzig Bildhauern und Dichtern ging es nahe,
und des Hexenmeisters vorlautes Gefolge
murrte und verlief sich. Die besiegten Mächte

waren glücklich, unsichtbar und frei zu sein:
reuelos erschlugen sie die hinderlichen Söhne
und verführten die Töchter zur Verzweiflung der Väter.

XI

Lobpreisen sollt ihr: sollt wieder und wieder besingen das
Leben, das aufblüht in einem Gesicht oder Glas,
Geduld an Pflanzen, Mut und Anmut in Tieren:
Manche sind glücklich gewesen und ein paar Menschen groß.

Aber vernehmt, wie gekränkt der Morgen, und auch warum er
                                                        weint:
geschleift sind Mauern und Seelen; dem Willen der Ungerechten
hat nie die Maschine gefehlt; indessen verzichten die Fürsten
nicht auf die echt-edle alles vereinende Lüge.

History opposes its grief to our buoyant song,
To our hope its warning. One star has warmed to birth
One puzzled species that has yet to prove its worth:

The quick new West is false, and prodigious but wrong
The flower-like Hundred Families who for so long
In the Eighteen Provinces have modified the earth.

XII

Here war is harmless like a monument:
A telephone is talking to a man;
Flags on a map declare that troops were sent;
A boy brings milk in bowls. There is a plan

For living men in terror of their lives,
Who thirst at nine who were to thirst at noon,
Who can be lost and are, who miss their wives
And, unlike an idea, can die too soon.

Yet ideas can be true, although men die:
For we have seen a myriad faces
Ecstatic from one lie,

And maps can really point to places
Where life is evil now.
Nanking. Dachau.

XIII

Far from a cultural centre he was used:
Abandoned by his general and his lice,
Under a padded quilt he turned to ice
And vanished. He will never be perused

Unserem frohen Gesang steht der Gram der Geschichte entgegen,
unserem Hoffen ihr Warnen. Ein Stern nur hat ein verwirrtes
Geschlecht von noch unbewiesenem Wert ausgebrütet:

Betrug der flinke neue Westen, Irrtum die Wunderblüte
der Hundert Familien, die in den Achtzehn Provinzen
schon so lange die Erde verwandeln.

XII

Der Krieg ist hier gefahrlos wie ein Denkmal:
ein Telephon redet zu einem Mann;
den Vormarsch zeigen Fähnchen auf der Karte;
ein Boy bringt Milch in Schalen. Und ein Plan

gilt Lebenden, die um ihr Leben bangen,
die schon um neun Durst haben statt um zwölf,
verloren wohl nach ihrer Frau verlangen
und schneller sterben können als Ideen.

Und doch, Ideen können wahr sein, wenn auch
die Menschen sterben: denn wir sahen sie geeint,
die Tausende, berauscht von einer Lüge;

und Karten können wirklich Orte weisen,
wo Leben jetzt Verderben meint.
Nanking. Dachau.

XIII

Er diente dort in einer fernen Ecke:
fort war sein General wie seine Läuse,
er fror zu Eis in einer Daunendecke,
und weg war er. Man wird nicht von ihm lesen,

When this campaign is tidied into books:
No vital knowledge perished in that skull;
His jokes were stale; like wartime, he was dull;
His name is lost for ever like his looks.

Though runeless, to instructions from headquarters
He added meaning like a comma when
He joined the dust of China, that our daughters

Might keep their upright carriage, not again
Be shamed before the dogs, that, where are waters,
Mountains and houses, may be also men.

XIV

They are and suffer; that is all they do:
A bandage hides the place where each is living,
His knowledge of the world restricted to
A treatment metal instruments are giving.

They lie apart like epochs from each other
(Truth in their sense is how much they can bear;
It is not talk like ours but groans they smother),
From us remote as plants: we stand elsewhere.

For who when healthy can become a foot?
Even a scratch we can't recall when cured,
But are boisterous in a moment and believe

Reality is never injured, cannot
Imagine isolation: joy can be shared,
And anger, and the idea of love.

wenn dieser Feldzug einst in Büchern steht:
viel Wissen starb in seinem Schädel nicht;
sein Witz war schal; dumm war er wie der Krieg;
sein Name ist so tot wie sein Gesicht.

Da er einging in Chinas Staub, gab er
buchstabenlos, ein Komma nur, Befehlen
aus Hauptquartieren Sinn: unseren Töchtern

den graden Gang zu lassen, daß sie nicht
beschämt würden vor Hunden; daß, wo Wasser,
Berge und Häuser sind, auch Menschen seien.

XIV

Sie sind und leiden, weiter nichts: Verband
liegt auf der Stelle, wo ein jeder lebt
und von der Welt nichts weiß, als was
metallene Instrumente an ihm tun.

Einander fremd wie Zeiten liegen sie
(für sie ist Wahrheit, was sie noch ertragen;
nicht Worte, Seufzer unterdrücken sie),
getrennt von uns wie Pflanzen: wir sind fern.

Denn wer, dem nichts fehlt, wird zu einem Fuß?
Erinnern wir die Schrammen, die verheilen?
Gleich sind wir obenauf, die Wirklichkeit

scheint uns gefeit und keine Einsamkeit
mehr vorstellbar: die Freude läßt sich teilen
und der Verdruß und die Idee der Liebe.

XV

As evening fell the day's oppression lifted;
Tall peaks came into focus; it had rained:
Across wide lawns and cultured flowers drifted
The conversation of the highly trained.

Thin gardeners watched them pass and priced their shoes;
A chauffeur waited, reading in the drive,
For them to finish their exchange of views:
It looked a picture of the way to live.

Far off, no matter what good they intended,
Two armies waited for a verbal error
With well-made implements for causing pain,

And on the issue of their charm depended
A land laid waste with all its young men slain,
Its women weeping, and its towns in terror.

XVI

Our global story is not yet completed,
Crime, daring, commerce, chatter will go on,
But, as narrators find their memory gone,
Homeless, disterred, these know themselves defeated.

Some could not like nor change the young and mourn for
Some wounded myth that once made children good,
Some lost a world they never understood,
Some saw too clearly all that man was born for.

Loss is their shadow-wife, Anxiety
Receives them like a grand hotel, but where
They may regret they must: their doom to bear

XV

Im Abendlicht verging der Druck des Tags;
Bergspitzen wurden sichtbar nach dem Regen:
um Rasenflächen, Blumenbeete kreisten
die Unterhaltungen der Chefstrategen.

Schmächtigen Gärtnern fiel ihr Schuhwerk auf,
lesend am Torweg wartete ein Fahrer,
bis ihre Diskussion zu Ende wäre:
ein Bild des Lebens, wie man es sich denkt.

Wie gut sie's meinten, warteten zwei Heere
in weiter Ferne auf ein Mißverständnis,
mit Werkzeug wohlversehn, um zu verletzen;

an ihrer Redekunst hing das Ergebnis:
ein Land verheert, die jungen Männer tot,
Frauen in Tränen, Städte voll Entsetzen.

XVI

Die Weltgeschichte ist noch unvollständig,
Markt, Wagnis, Klatsch, Verbrechen dauern fort,
Erzählern aber wird ihr Text abwendig,
verbannt, enteignet, sehn sie sich geschlagen.

Machtlos vor einer ungeliebten Jugend
betrauern sie manch ausgediente Mär,
sehn ihre nie verstandene Welt nicht mehr
oder den Sinn des Menschseins allzu klar.

Verlust begleitet sie wie eine Frau,
Bangnis empfängt sie wie ein Grandhotel,
doch wo sie trauern dürfen, müssen sie's:

Love for some far forbidden country, see
A native disapprove them with a stare
And Freedom's back in every door and tree.

XVII

Simple like all dream-wishes, they employ
The elementary rhythms of the heart,
Speak to our muscles of a need for joy:
The dying and the lovers bound to part

Hear them and have to whistle. Ever new,
They mirror every change in our position,
They are our evidence of how we do,
The very echoes of our lost condition.

Think in this year what pleased the dancers best,
When Austria died, when China was forsaken,
Shanghai in flames and Teruel re-taken.

France put her case before the world: *Partout
Il y a de la joie.* America addressed
Mankind: *Do you love me as I love you ?*

XVIII

Chilled by the Present, its gloom and its noise,
On waking we sigh for an ancient South,
A warm nude age of instinctive poise,
A taste of joy in an innocent mouth.

At night in our huts we dream of a part
In the balls of the Future: each ritual maze
Has a musical plan, and a musical heart
Can faultlessly follow its faultless ways.

ihr fernes Land noch lieben, Eingesessne
ablehnend starren sehn und abgewandt
die Freiheit noch in jedem Baum und Tor.

XVII

Einfach wie Wunschträume, gebrauchen sie
die Grundrhythmen, die unsere Herzen schlagen,
erzählen unseren Muskeln vom Bedarf nach Lust:
die Sterbenden und Liebenden, die sie

im Fortgehn hören, müssen pfeifen. Immer
von neuem sind sie Spiegel jeden Wechsels,
sind steter Nachweis unseres Ergehens,
das Widerhallen unseres Vergehens.

Was tanzte man am liebsten in dem Jahr?
Österreich starb, China ließ man im Stich,
Teruel war neu erobert, Shanghai brannte.

Frankreich plädierte vor der Welt:»Partout
il y a de la joie.« Amerika wandte
sich an die Menschheit:»Do you love me as I love you?«

XVIII

Erwacht im Frost und finstern Lärm der Stunde,
begehren wir nach südlich-alter Zeit,
Nacktheit und Wärme und Gelassenheit,
Geschmack von Lebenslust in reinem Munde.

Und nachts in unsern Hütten träumen wir
von Zukunftsfesten: jedem Labyrinth,
das die Musik entwirft, folgt die Musik
des Herzens unfehlbar mit ihren Schritten.

We envy streams and houses that are sure,
But, doubtful, articled to error, we
Were never nude and calm as a great door,

And never will be faultless like our fountains:
We live in freedom by necessity,
A mountain people swelling among mountains.

XIX

When all our apparatus of report
Confirms the triumph of our enemies,
Our frontier crossed, our forces in retreat,
Violence pandemic like a new disease,

And Wrong a charmer everywhere invited,
When Generosity gets nothing done,
Let us remember those who looked deserted:
To-night in China let me think of one

Who for ten years of draught and silence waited,
Until in Muzot all his being spoke,
And everything was given once for all.

Awed, grateful, tired, content to die, completed,
He went out in the winter night to stroke
That tower as one pets an animal.

XX

Who needs their names? Another genus built
Those dictatorial avenues and squares,
Gigantic terraces, imposing stairs,
Men of a sorry kennel, racked by guilt,

Wir neiden Flüssen, Häusern die Gewißheit,
selbst aber, zweifelnd, fehlbar, waren wir
nie wie ein großes Tor so nackt und stet

und werden nie so klar wie unsre Quellen:
nur weil wir müssen, leben wir in Freiheit,
ein Bergvolk, das sich in den Bergen bläht.

XIX

Wenn unser Nachrichtensystem verbreitet,
daß unser Feind die Grenze überschreitet,
daß unsre Streitmacht vor den Siegern weicht,
Gewalt als neue Krankheit um sich greift,

wenn Unrecht überall Einlaß erschleicht
und Großmut nichts erreicht, so laßt uns
an jene denken, die verlassen schienen:
in China laßt mich jetzt an einen denken,

der stumm bedrängt zehn Jahre wartete,
bis in Muzot sein ganzes Dasein sprach
und alles ihm zufiel mit einemmal.

Benommen, müde, dankbar, todbereit
ging er hinaus, um in der Winternacht
den Turm zu streicheln wie ein großes Tier.

XX

Wer braucht die Namen noch? Ein andrer Schlag
hat Avenuen, Plätze, Prunkterrassen,
Prachttreppen nach Tyrannenart gebaut,
Menschen aus miesen Hütten, schuldgeplagt,

Who wanted to persist in stone for ever:
Unloved, they had to leave material traces,
But these desired no statues but our faces,
To dwell there incognito, glad we never

Can dwell on what they suffered, loved or were.
Earth grew them as a bay grows fishermen
Or hills a shepherd. While they breathed, the air

All breathe took on a virtue; in our blood,
If we allow them, they can breathe again:
Happy their wish and mild to flower and flood.

XXI

(to E. M. Forster)

Though Italy and King's are far away,
And Truth a subject only bombs discuss,
Our ears unfriendly, still you speak to us,
Insisting that the inner life can pay.

As we dash down the slope of hate with gladness,
You trip us up like an unnoticed stone,
And, just when we are closeted with madness,
You interrupt us like a telephone.

Yes, we are Lucy, Turton, Philip: we
Wish international evil, are delighted
To join the jolly ranks of the benighted

Where reason is denied and love ignored,
But, as we swear our lie, Miss Avery
Comes out into the garden with a sword.

Summer 1938 (X: 1936; XIII: April 1938)

die immerfort in Stein verharren wollten:
Für Ungeliebte zeugen solche Spuren,
doch sie wollten anstelle von Skulpturen
eingehn in unsere Gesichter, namenlos

und froh, ihr Leben nicht mit uns zu teilen.
Die Erde ließ sie wachsen wie die Bucht
den Fischer, Hügel einen Hirten. Atmend

verklärten sie die Luft; in unserem Blut,
wenn wir sie lassen, atmen sie erneut:
gelind ihr Wunsch der Blume und der Flut.

XXI

Fern ist Italien und weit ist King's,
und nur noch Bomben streiten um die Wahrheit;
unwillig hören wir, und du sprichst doch,
sagst uns, das innere Leben zahle noch.

Da wir den Hang des Hasses abwärts stürmen,
hältst du uns auf wie ein verborgener Stein,
und kaum verschließen wir uns ganz in Narrheit,
fährst du uns wie ein Telephon darein.

Ja, wir sind Lucy, Turton, Philip: wir
begehren weltweit Böses, schließen uns
den frohen Reihen der Verdummten an,

wo Liebe nichts ist und Vernunft nichts wert;
doch als wir unsere Lüge schwören, tritt
Miss Avery aus dem Haus mit einem Schwert.

Deutsch von Hanno Helbling

In Memory of W. B. Yeats
(d. Jan. 1939)

I

He disappeared in the dead of winter:
The brooks were frozen, the airports almost deserted,
And snow disfigured the public statues;
The mercury sank in the mouth of the dying day.
What instruments we have agree
The day of his death was a dark cold day.

Far from his illness
The wolves ran on through the evergreen forests,
The peasant river was untempted by the fashionable quays;
By mourning tongues
The death of the poet was kept from his poems.

But for him it was his last afternoon as himself,
An afternoon of nurses and rumours;
The provinces of his body revolted,
The squares of his mind were empty,
Silence invaded the suburbs,
The current of his feeling failed; he became his admirers.

Now he is scattered among a hundred cities
And wholly given over to unfamiliar affections,
To find his happiness in another kind of wood
And be punished under a foreign code of conscience.
The words of a dead man
Are modified in the guts of the living.

But in the importance and noise of to-morrow
When the brokers are roaring like beasts on the floor of the Bourse,
And the poor have the sufferings to which they are fairly
                                             accustomed,
And each in the cell of himself is almost convinced of his
                                             freedom,

Zum Gedenken an W. B. Yeats
(gest. Jan. 1939)

I

Er verschwand im tiefsten Winter:
Die Bäche waren vereist, die Flugplätze fast verlassen,
Und Schnee entstellte die Denkmäler;
Das Quecksilber sank im Mund des sterbenden Tages.
Was an Instrumenten wir haben, bestätigt es:
Sein Todestag war ein dunkler, kalter Tag.

Fernab von seiner Krankheit
Liefen die Wölfe durch die immergrünen Wälder,
Blieb der bäuerliche Fluß unverlockt durch die vornehmen Kaie;
Trauernde Zungen
Hielten den Tod des Dichters fern von seinen Gedichten.

Aber für ihn war es sein letzter Nachmittag als er selbst,
Ein Nachmittag der Pflegerinnen und Geräusche;
Die Provinzen seines Körpers revoltierten,
Die Plätze seines Geistes waren leer,
Stille drang in die Vororte,
Der Strom seines Fühlens versagte; er wurde seine Bewunderer.

Jetzt ist er verstreut über hundert Städte
Und unbekannten Neigungen völlig überlassen,
Um sein Glück zu finden in einer anderen Art Gehölz
Und bestraft zu werden unter einem fremden Gewissenskodex.
Die Worte eines Toten
Werden abgeändert in den Bäuchen der Lebendigen.

Aber inmitten der Wichtigkeit und des Lärms von morgen,
Wenn die Makler brüllen wie Tiere auf dem Parkett der Börse
Und die Armen zu erleiden haben, woran sie so ziemlich gewöhnt
sind,
Und jeder in der Zelle seines Ich fast überzeugt ist von seiner
Freiheit,

A few thousand will think of this day
As one thinks of a day when one did something slightly unusual.
What instruments we have agree
The day of his death was a dark cold day.

II

You were silly like us; your gift survived it all:
The parish of rich women, physical decay,
Yourself. Mad Ireland hurt you into poetry.
Now Ireland has her madness and her weather still,
For poetry makes nothing happen: it survives
In the valley of its making where executives
Would never want to tamper, flows on south
From ranches of isolation and the busy griefs,
Raw towns that we believe and die in; it survives,
A way of happening, a mouth.

III

Earth, receive an honoured guest:
William Yeats is laid to rest.
Let the Irish vessel lie
Emptied of its poetry.

In the nightmare of the dark
All the dogs of Europe bark,
And the living nations wait,
Each sequestered in its hate;

Intellectual disgrace
Stares from every human face,
And the seas of pity lie
Locked and frozen in each eye.

Werden ein paar tausend denken an diesen Tag,
Wie man denkt an einen Tag, als man etwas nicht ganz

                                     Gewöhnliches tat.

Was an Instrumenten wir haben, bestätigt es:
Sein Todestag war ein dunkler, kalter Tag.

II

Du warst albern wie wir; deine Gabe überdauerte alles:
Die Gemeinde reicher Frauen, körperlichen Verfall,
Dich selbst. Narr Irland quälte dich zur Dichtung.
Irlands Narrheit und Wetter bestehen weiter,
Denn Dichtung bewirkt nichts: sie überdauert
Im Tal ihrer Erzeugung, wo die Exekutive
Ihre Finger einzieht, fließt nach Süden weiter
Von Gehöften der Isolation und des emsigen Kummers,
Rauhen Dörfern, wo wir glauben und sterben; sie überdauert,
Eine Art Zufall, einen Mund.

III

Erde, nimm den Ehrengast:
William Yeats sucht hier nach Rast.
Bette friedlich Irlands Kelch,
Der sein Lied nicht mehr enthält.

In der Nächte grauser Mahr
Bellt Europas Hundeschar,
Und die Völker stehn auf Wacht,
Abgetrennt in ihrem Haß.

Menschengeistes Schande spricht
Jedes menschliche Gesicht,
Und in jedem Auge steckt
Meer des Mitleids eisbedeckt.

Follow, poet, follow right
To the bottom of the night,
With your unconstraining voice
Still persuade us to rejoice;

With the farming of a verse
Make a vineyard of the curse,
Sing of human unsuccess
In a rapture of distress;

In the deserts of the heart
Let the healing fountain start,
In the prison of his days
Teach the free man how to praise.

February 1939

Folge, Dichter, folg bedacht
Bis zum tiefen Grund der Nacht,
Deine Stimme, unzerstört,
Helfe uns, daß Jubel währt;

Mit dem Pfluge im Gedicht
Weinberg mach aus Strafgericht,
Hingerissen von der Not
Sing, was alle uns bedroht;

In des Herzens Wüsten laß
Quellen strömen heilend Naß,
In der Tage Kerker lehr
Freien Mann das Wort: ich ehr.

Deutsch von Ernst Jandl

1st September 1939

I sit in one of the dives
On Fifty-Second Street
Uncertain and afraid
As the clever hopes expire
Of a low dishonest decade:
Waves of anger and fear
Circulate over the bright
And darkened lands of the earth,
Obsessing our private lives;
The unmentionable odour of death
Offends the September night.

Accurate scholarship can
Unearth the whole offence
From Luther until now
That has driven a culture mad,
Find what occured at Linz,
What huge imago made
A psychopathic god:
I and the public know
What all schoolchildren learn,
Those to whom evil is done
Do evil in return.

Exiled Thucydides knew
All that a speech can say
About Democracy,
And what dictators do,
The elderly rubbish they talk
To an apathetic grave;
Analysed all in his book,
The enlightenment driven away,
The habit-forming pain,
Mismanagement and grief:
We must suffer them all again.

1. September 1939

Ich sitze in einer der Bars
der Zweiundfünfzigsten Straße,
ratlos, verängstigt
beim Ausgehn der schlauen Hoffnungen
einer elenden, ehrlosen Zeit:
Wellen des Zorns und der Angst
überziehen die hellen
und dunkelnden Länder der Erde,
ergreifen von unserem Leben Besitz;
unsäglicher Todesgeruch
verdirbt die Septembernacht.

Feine Gelehrsamkeit kann
das Verderben aufdecken,
das ganze, von Luther bis heute,
das eine Kultur in den Wahnsinn trieb;
ermitteln, was geschehen ist in Linz,
welch riesenhaftes Imago
einen psychopathischen Gott schuf.
Ich und die Öffentlichkeit,
wir wissen, was jedes Schulkind lernt:
Denen Böses getan wird,
die tun wieder Böses.

Der verbannte Thukydides wußte,
was eine Rede zu sagen vermag
von der Demokratie
und was Diktatoren tun,
welch veralteten Schund sie sprechen
zu einem apathischen Grab;
was erklärt wird in seinem Buch,
die vertriebene Aufklärung,
der gewohnheitbildende Schmerz,
Mißwirtschaft, Kummer:
das alles müssen wir nochmals erleiden.

Into this neutral air
Where blind skyscrapers use
Their full height to proclaim
The strength of Collective Man,
Each language pours its vain
Competitive excuse:
But who can live for long
In an euphoric dream;
Out of the mirror they stare,
Imperialism's face
And the international wrong.

Faces along the bar
Cling to their average day:
The lights must never go out,
The music must always play,
All the conventions conspire
To make this fort assume
The furniture of home;
Lest we should see where we are,
Lost in a haunted wood,
Children afraid of the night
Who have never been happy or good.

The windiest militant trash
Important Persons shout
Is not so crude as our wish:
What mad Nijinsky wrote
About Diaghilev
Ist true of the normal heart;
For the error bred in the bone
Of each woman and each man
Craves what it cannot have,
Not universal love
But to be loved alone.

From the conservative dark
Into the ethical life

Hier in die unbestimmte Luft,
wo blinde Wolkenkratzer ihre ganze Höhe
aufbieten, um die Macht
des kollektiven Menschen zu verkünden,
gießt jede Sprache ihre nichtige
wetteifernde Rechtfertigung:
Doch wer kann lange
in einem euphorischen Traum leben;
aus dem Spiegel starrt das Gesicht
des Imperialismus und
das internationale Unrecht.

Gesichter entlang der Bar
klammern sich an den Normaltag:
Die Lichter dürfen nie ausgehen,
die Musik muß immerfort spielen,
die Konventionen verbinden sich alle,
damit diese Festung
wie ein Zuhause erscheint
und wir nicht sehen müssen, wo wir sind,
in einem verwunschenen Wald,
Kinder, die Angst haben vor der Nacht
und nie brav oder glücklich waren.

Das hohlste Kampfgedöns
prominenter Personen
ist nicht so brutal wie unser Begehren:
was der verrückte Nijinski
über Diaghilev schrieb,
stimmt für jedes gewöhnliche Herz;
der Wahn, der heranwächst im Mark
jeder Frau, jedes Mannes,
schreit nach dem, was versagt bleibt,
nicht allumfassende Liebe,
sondern allein geliebt werden.

Aus dem bewahrenden Dunkel
in das sittliche Leben

The dense commuters come,
Repeating their morning vow,
»I *will* be true to the wife,
I'll concentrate more on my work«,
And helpless governors wake
To resume their compulsory game:
Who can release them now,
Who can reach the deaf,
Who can speak for the dumb?

Defenceless under the night
Our world in stupor lies;
Yet, dotted everywhere,
Ironic points of light
Flash out wherever the Just
Exchange their messages:
May I, composed like them
Of Eros and of dust,
Beleaguered by the same
Negation and despair,
Show an affirming flame.

September 1939

sind die Pendler gedrängt unterwegs
und erneuern ihr Morgengelübde:
»Ich will meine Frau nicht betrügen,
will nur an die Arbeit denken«;
hilflose Magistraten erwachen,
um ihr verordnetes Spiel fortzusetzen:
Wer kann sie jetzt freigeben,
wer kann zu den Tauben reden,
wer kann für die Stummen sprechen?

Wehrlos in tiefer Nacht
liegt unsere Welt erstarrt;
dennoch blinken, verstreut überall,
ironische Lichtpunkte auf,
überall wo die Gerechten
ihre Botschaften austauschen:
Zeige auch ich, gestaltet wie sie
aus Eros und Staub,
heimgesucht von der gleichen
Verneinung, Verzweiflung,
ein bejahendes Licht.

Deutsch von Hanno Helbling

Song

(Ten Songs III)

Warm are the still and lucky miles,
White shores of longing stretch away,
A light of recognition fills
    The whole great day, and bright
The tiny world of lovers' arms.

Silence invades the breathing wood
Where drowsy limbs a treasure keep,
Now greenly falls the learned shade
    Across the sleeping brows
And stirs their secret to a smile.

Restored! Returned! The lost are borne
On seas of shipwreck home at last:
See! In a fire of praising burns
    The dry dumb past, and we
Our life-day long shall part no more.

October 1939

Lied

Warm sind die still und frohen Meilen,
Die weißen Küsten streckt Verlangen,
Aufleuchten des Erkennens füllt
    Den ganzen großen Tag, und hell
Die kleine Welt verliebter Arme.

Stille dringt ein, es atmet Wald,
Wo schläfrig Glieder Schätze hüten,
Jetzt rührt erfahrener Schatten grün
    Schlafende Augenbrauen an,
Bis ihr Geheimnis lächeln muß.

Ganz neu! Ganz nah! Heim als Erschaffene
Trägt Schiffbruchs Meer die lang Verschollenen:
Seht her! Im Feuer des Preisens brennt
    Das dürre stumme Einst. Wir sind
Tag unsres Lebens untrennbar.

Deutsch von Ernst Jandl

If I Could Tell You

Time will say nothing but I told you so,
Time only knows the price we have to pay;
If I could tell you I would let you know.

If we should weep when clowns put on their show,
If we should stumble when musicians play,
Time will say nothing but I told you so.

There are no fortunes to be told, although,
Because I love you more than I can say,
If I could tell you I would let you know.

The winds must come from somewhere when they blow,
There must be reasons why the leaves decay;
Time will say nothing but I told you so.

Perhaps the roses really want to grow,
The vision seriously intends to stay;
If I could tell you I would let you know.

Suppose the lions all get up and go,
And all the brooks and soldiers run away;
Will Time say nothing but I told you so?
If I could tell you I would let you know.

October 1940

Ich würd's dir sagen

Die Zeit sagt nichts, ich sag dir um so mehr,
Die Zeit kennt nur den Preis, den sie genommen;
Ich würd's dir sagen, wenn's zu sagen wär.

Und wenn du weinst vor einem Clown mit Bär
Und wenn wir durch Musik ins Taumeln kommen,
Die Zeit sagt nichts, ich sag dir um so mehr.

Wahrsager geben keinerlei Gewähr,
Wenn ich dich liebe, mehr als Worte lallen,
Ich würd's dir sagen, wenn's zu sagen wär.

Die Winde müssen kommen von woher,
Und Gründe gibt's, warum die Blätter fallen,
Die Zeit sagt nichts, ich sag dir um so mehr.

Vielleicht blühn Rosen nicht von ungefähr,
Das Traumbild könnt zum Bleiben sich entschließen,
Ich würd's dir sagen, wenn's zu sagen wär.

Gesetzt, die Löwen brechen auf zum Meer,
Soldaten fliehn und Bäche aufwärts fließen;
Ist Zeit nicht stumm, und ob ich's dir erklär?
Ich würd's dir sagen, wenn's zu sagen wär.

Deutsch von Hans Egon Holthusen

Invocation to Ariel

(The Sea and the Mirror I)

Sing, Ariel, sing,
Sweetly, dangerously
Out of the sour
And shiftless water,
Lucidly out
Of the dozing tree,
Entrancing, rebuking
The raging heart
With a smoother song
Than this rough world,
Unfeeling god.

O brilliantly, lightly,
Of separation,
Of bodies and death,
Unanxious one, sing
To man, meaning me,
As now, meaning always,
In love or out,
Whatever that mean,
Trembling he takes
The silent passage
Into discomfort.

August 1942 – February 1944

Anrufung Ariels

(Das Meer und der Spiegel I)

Sing, Ariel, sing
süß, gefährlich
aus dem sauren,
kraftlosen Wasser,
hell
aus dem dösenden Baum;
ergreif und schilt
das heftige Herz
durch ein sanfteres Lied
als die rauhe Welt,
die Gott nicht fühlt.

O strahlend und leicht
sing von der Trennung,
von Körpern und Tod,
du Sorgloser, sing
für den Menschen, heißt mich,
der jetzt, heißt immer,
verliebt oder nicht,
was immer das heißt,
zitternd den stillen
Weg ins Beklemmende
geht.

Deutsch von Ernst Jandl

Stephano

(The Sea and the Mirror II)

Embrace me, belly, like a bride;
Dear daughter, for the weight you drew
From humple pie and swallowed pride,
Believe the boast in which you grew:
Where mind meets matter, both should woo;
Together let us learn that game
The high play better than the blue:
A lost thing looks for a lost name.

Behind your skirts your son must hide
When disappointments bark and boo;
Brush my heroic ghosts aside,
Wise nanny, with a vulgar pooh:
Exchanging cravings we pursue
Alternately a single aim:
Between the bottle and the »loo«
A lost thing looks for a lost name.

Though in the long run satisfied,
The will of one by being two
At every moment is denied;
Exhausted glasses wonder who
Is self and sovereign, I or You?
We cannot both be what we claim,
The real Stephano – Which is true?
A lost thing looks for a lost name.

Child? Mother? Either grief will do;
The need for pardon is the same,
The contradiction is not new:
A lost thing looks for a lost name.

Stephano

(Das Meer und der Spiegel II)

Umschling mich, Bauch, wie eine Braut;
von schlichter Wurst, geschlucktem Stolz
stammt, liebe Tochter, dein Gewicht:
mißtrau nahrhaftem Spruche nicht;
Geist trifft Stoff, daß beides will;
gemeinsam lernen wir das Spiel
– wer wagt, gewinnt –: verloren Ding
sucht Namen, der verlorenging.

Rockunter steckt dein Sohn versteckt,
sobald Enttäuschung bellt und zischt;
feg, weise Bonne, mit Gemeck
meine Gespensterhelden weg;
Begierden tauschend folgen wir
abwechselnd nur dem einen Ziel
vom Faß zum »Ort«: verloren Ding
sucht Namen, der verlorenging.

Zufrieden zwar auf lange Sicht,
bleibt jetzt dein Wille – du bist zwei –
zu jedem Zeitpunkt unerfüllt;
erschöpfte Gläser sehen zu:
wer ist hier Herr – ich oder du?
Ich bin Stephano, rufen zwei.
Welcher ist echt? Verloren Ding
sucht Namen, der verlorenging.

Kind? Mutter? Eines Gram genügt;
Begnadigung tut beiden not,
Widerspruch bleibt: verloren Ding
sucht Namen, der verlorenging.

Deutsch von Ernst Jandl

Master and Boatswain

(The Sea and the Mirror II)

At Dirty Dick's and Sloppy Joe's
    We drank our liquor straight,
Some went upstairs with Margery,
    And some, alas, with Kate;
And two by two like cat and mouse
The homeless played at keeping house.

There Wealthy Meg, the Sailor's Friend,
    And Marion, cow-eyed,
Opened their arms to me but I
    Refused to step inside;
I was not looking for a cage
In which to mope in my old age.

The nightingales are sobbing in
    The orchards of our mothers,
And hearts that we broke long ago
    Have long been breaking others;
Tears are round, the sea is deep:
Roll them overboard and sleep.

Meister und Bootsmann

(Das Meer und der Spiegel II)

Beim schmutzigen Dick, beim schlampigen Jupp
    Den Schnaps den tranken wir scharf.
Nach oben gings mit Margery,
    Mit Kate nur bei Bedarf.
Zu zweit und zweit wie Katz und Maus
Die Obdachlosen hielten Haus.

Die reiche Gret, die Seemannsbraut
    Und Marion das Kuhgesicht,
Die machten mir weit die Arme auf,
    Ich aber wollte nicht.
Nach Käfigen steht mir nicht die Nase,
In denen ich alternd Trübsal blase.

In unsrer Mütter Apfelgarten
    Die Nachtigallen beben,
Und Herzen, die wir einmal brachen,
    Haben andern den Rest gegeben.
Das Meer ist tief, die Träne rund,
Roll's überbord und schlaf gesund.

Deutsch von Hans Egon Holthusen

Trinculo

(The Sea and the Mirror II)

Mechanic, merchant, king,
Are warmed by the cold clown
Whose head is in the clouds
And never can get down.

Into a solitude
Undreamed of by their fat
Quick dreams have lifted me;
The north wind steals my hat,

On clear days I can see
Green acres far below,
And the red roof where I
Was Little Trinculo.

There lies that solid world
These hands can never reach;
My history, my love,
Is but a choice of speech.

A terror shakes my tree,
A flock of words fly out,
Whereat a laughter shakes
The busy and devout.

Wild images, come down
Out of your freezing sky,
That I, like shorter men,
May get my joke and die.

Trinculo

(Das Meer und der Spiegel II)

Den Werkmann, Kaufmann, König,
die wärmt der kalte Clown.
Sein Kopf steckt in den Wolken.
Herunter kann er nie.

In einen leeren Raum,
den deren Fett nie träumt,
hat mich mein Traum geschnellt.
Nordwind stiehlt mir den Hut.

Ich seh an klarem Tag
tief unten grünes Feld.
Ein rotes Dach: dort war
ich Trinculo, das Kind.

Dort liegt die feste Welt,
Die Hand reicht nicht hinab,
Mein Leben, meine Liebe,
wechselt im Wort nur ab.

Schreck schüttelt meinen Baum,
ein Wortschwarm fliegt heraus,
Gelächter schüttelt drauf
die Emsigen und Frommen.

Steigt, wilde Bilder, ab
vom Himmel, wo ihr friert,
daß mir, gleich kürzerm Mann,
mein Spaß vorm Sterben wird.

Deutsch von Ernst Jandl

Miranda

(The Sea and the Mirror II)

My Dear One is mine as mirrors are lonely,
As the poor and sad are real to the good king,
And the high green hill sits always by the sea.

Up jumped the Black Man behind the elder tree,
Turned a somersault and ran away waving;
My Dear One is mine as mirrors are lonely.

The Witch gave a squawk; her venomous body
Melted into light as water leaves a spring,
And the high green hill sits always by the sea.

At his crossroads, too, the Ancient prayed for me;
Down his wasted cheeks tears of joy were running:
My Dear One is mine as mirrors are lonely.

He kissed me awake, and no one was sorry;
The sun shone on sails, eyes, pebbles, anything,
And the high green hill sits always by the sea.

So, to remember our changing garden, we
Are linked as children in a circle dancing:
My Dear One is mine as mirrors are lonely,
And the high green hill sits always by the sea.

Miranda

(Das Meer und der Spiegel II)

Einsam sind Spiegel: so ist mein mein Geliebter,
so kennt der gute König die Bettler und Traurigen,
und der hohe grüne Berg sitzt immer beim Meer.

Auf sprang der schwarze Mann hinterm Holunder,
schlug einen Purzelbaum, winkte, lief fort;
einsam sind Spiegel: so ist mein mein Geliebter.

Die Hexe schrie auf; ihr giftiger Körper
zerschmolz zu Licht – so tritt Wasser aus Quellen,
und der hohe grüne Berg sitzt immer beim Meer.

Hier am Kreuzweg noch betete für mich der Uralte,
Tränen der Freude auf seinen verwüsteten Wangen –
einsam sind Spiegel: so ist mein mein Geliebter.

Er küßte mich wach, und keiner bereute es;
Sonne strahlte auf Segel, Augen, Kiesel, auf alles,
und der hohe grüne Berg sitzt immer beim Meer.

So sind wir verbunden wie Kinder im Kreistanz,
unsres Gartens gedenkend, und wie er sich ändert:
einsam sind Spiegel: so ist mein mein Geliebter,
und der hohe grüne Berg sitzt immer beim Meer.

Deutsch von Ernst Jandl

Under Sirius

Yes, these are the dogy-days, Fortunatus:
    The heather lies limp and dead
  On the mountain, the baltering torrent
    Shrunk to a soodling thread;
Rusty the spears of the legion, unshaven its captain,
    Vacant the scholar's brain
    Under his great hat,
  Drug though She may, the Sybil utters
    A gush of table-chat.

And you yourself with a head-cold and upset stomach,
    Lying in bed till noon,
  Your bills unpaid, your much advertised
    Epic not yet begun,
Are a sufferer too. All day, you tell us, you wish
    Some earthquake would astonish,
    Or the wind of the Comforter's wing
  Unlock the prisons and translate
    The slipshod gathering.

And last night, you say, you dreamed of that bright blue morning,
    The hawthorn hedges in bloom,
  When, serene in their ivory vessels,
    The three wise Maries come,
Sossing through seamless waters, piloted in
    By sea-horse and fluent dolphin:
    Ah! how the cannons roar,
  How jocular the bells as They
    Indulge the peccant shore.

It is natural to hope and pious, of course, to believe
    That all in the end shall be well,
  But first of all, remember,
    So the Sacred Books foretell,

Unter Sirius

Ja, dies sind die Hundstage, Fortunatus:
　　Das Heidekraut liegt schlaff und dürr
　　Auf dem Berg der polternde Gießbach
　　Ist ein dünner Faden nur;
Rostig die Speere der Legion, unrasiert ihr Hauptmann,
　　Leer des Gelehrten Hirn
　　Unter seinem großen Hut,
　　Mag sie sich auch betäuben, die Sibylle stößt nur
　　Tischgeplauder aus in steter Flut.

Und du selbst mit Schnupfen und Magendrücken
　　Bis zu Mittag im Bett,
　　Deine Rechnungen unbezahlt, von deinem vielgerühmten Epos
　　Keine Zeile noch steht,
Du leidest auch. Den ganzen Tag, sagst du, habest du gehofft
　　Daß ein Erdbeben dräue,
　　Oder deine Bettdecke so heftig schwinge
Daß sie alle Kerker öffne und die
　　Lotterbande ins Freie bringe.

Und gestern nacht habest du geträumt von jenem blitzblauen
　　　　　　　　　　　　　　　　　　　Morgen,
　　Die Hagedornhecken blühen weiß,
　　Da kommen, heiter in ihren elfenbeinernen Nachen
　　Die drei weisen Marien herangereist,
Schaukelnd auf saumlosem Wasser, von Seepferdchen
　　Und flüssigen Delphinen gelotst.
　　Ah! Wie donnert der Kanonen Klang,
　　Wie hell scherzen die Glocken, da jene erdulden
　　Den sündigen Strand.

Es ist natürlich, zu hoffen, und fromm, zu glauben,
　　Daß alles gut zu Ende geht,
　　Vor allem aber bedenke, daß,
　　Wie es in den heiligen Büchern steht,

The rotten fruit shall be shaken. Would your hope make sense
　　If today were that moment of silence,
　　Before it break and drown,
　When the insurrected eagre hangs
　　Over the sleeping town?

How will you look and what will you do when the basalt
　　Tombs of the sorcerers shatter
　And their guardian megalopods
　　Come after you pitter-patter?
How will you answer when from their qualming spring
　　The immortal nymphs fly shrieking,
　　And out of the open sky
　The pantocratic riddle breaks –
　　»Who are you and why?«

For when in a carol under the apple-trees
　　The reborn featly dance,
　There will also, Fortunatus,
　　Be those who refused their chance,
Now pottering shades, querulous beside the salt-pits,
　　And mawkish in their wits,
　　To whom these dull dog-days
　Between event seem crowned with olive
　　And golden with self-praise.

1949

Die faule Frucht vom Baume fällt. Wäre deine Hoffnung sinnvoll,
    Wenn heut jener Augenblick der Stille käme,
    Bevor es losbricht und uns ertränkt,
Wenn die empörte Springflut
    Über der schlafenden Stadt im Himmel hängt?

Wie wirst du blicken und was wirst du tun, wenn bersten
    Der Zauberer basaltne Grüfte
Und die Riesenfüße ihrer Wächter
    Dir nacheilen durch die Lüfte?
Was wirst du erwidern, wenn aus ihren üblen Quellen
    Die unsterblichen Nymphen schreiend schnellen,
    Und aus dem Himmel oberhalb
Das pantokratische Rätsel hervorbricht:
    »Wer bist du und weshalb?«

Wenn zu Jubelliedern unterm Apfelbaum
    Die Wiedergeborenen im Tanze kreisen,
    Wird es auch jene geben, Fortunatus,
    Die ihr Glück von sich weisen.
Jetzt tappen sie als Schatten, quengelig neben den Salzgruben
    Und trüben Sinnes vor sich hin:
    Ihnen will es scheinen, als ob
Diese dumpfen Hundstage zwischen Vorfällen bekränzt wären
                                        mit Oliven
    Und golden vor Eigenlob.

Deutsch von Hilde Spiel

Their Lonely Betters

As I listened from a beach-chair in the shade
To all the noises that my garden made,
It seemed to me only proper that words
Should be withheld from vegetables and birds.

A robin with no Christian name ran through
The Robin-Anthem which was all it knew,
And rustling flowers for some third party waited
To say which pairs, if any, should get mated.

No one of them was capable of lying,
There was not one which knew that it was dying
Or could have with a rhythm or a rhyme
Assumed responsibility for time.

Let them leave language to their lonely betters
Who count some days and long for certain letters;
We, too, make noises when we laugh or weep:
Words are for those with promises to keep.

June 1950

Die einsamen Überlegenen

Als ich vom Liegestuhl im Schatten horchte
Auf die Geräusche, die mein Garten machte,
Schien es mir einfach richtig, daß zu Worten
Pflanzen und Vögel nicht ermächtigt sind.

Taufnamen hat Rotkehlchen nicht; es pfiff
Rotkehlchenhymne, wußte weiter nichts,
Und Blumen raschelnd warteten auf Drittes,
Das die Begattung – ob und wer – vermittelt.

Keines von ihnen war zu lügen fähig,
Nicht eines wußte, daß es starb, auch hätte
Kein einziges mit Rhythmus oder Reim
Verantwortlich gezeichnet für die Zeit.

Laßt den einsamen Überlegenen die Sprache.
Den Tagezählern, die sich Briefe wünschen.
Geräusche auch sind Weinen oder Lachen.
Worte laßt denen, die Versprechen machen.

Deutsch von Ernst Jandl

Memorial for the City

(In memoriam Charles Williams, d. April 1945)

*In the self-same point that our soul is made sensual, in the self-same
point is the City of God ordained to him from without beginning.*
                                                    Juliana of Norwich

I

The eyes of the crow and the eye of the camera open
Onto Homer's world, not ours. First and last
They magnify earth, the abiding
Mother of gods and men; if they notice either
It is only in passing: gods behave, men die,
Both feel in their own small way, but She
Does nothing and does not care.
She alone is seriously there.

The crow on the crematorium chimney
And the camera roving the battle
Record a space where time has no place.
On the right a village is burning, in a market-town to the left
The soldiers fire, the mayor bursts into tears,
The captives are led away, while far in the distance
A tanker sinks into a dedolent sea.
That ist the way things happen; for ever and ever
Plum-blossom falls on the dead, the roar of the waterfall covers
The cries of the whipped and the sighs of the lovers
And the hard bright light composes
A meaningless moment into an eternal fact
Which a whistling messenger disappears with into a defile:
One enjoys glory, one endures shame;
He may, she must. There is no one to blame.

Denkmal für die Stadt

(In memoriam Charles Williams, gest. April 1945)

In nämlicher Weise, in der unsere Seele sinnempfänglich geschaffen ist,
in nämlicher Weise ist Gottes Stadt ihm verfügt noch vor jeglichem Anfang.

Juliana von Norwich

I

Die Augen der Krähe und das Auge der Kamera öffnen sich
Auf Homers Welt, doch nicht auf unsre. Vor allem andern
Vergrößern sie die Erde, die währende
Mutter von Göttern und Menschen; gewahren sie diese wie jene,
So nur im Vorüber: die Götter gebärden, die Menschen vergehn,
Beiden ist eigen ihr kleines Gefühl, Sie aber
Ist ohne Tun und Sorge fühlt sie nicht.
Einzig ihr Dasein hat Gewicht.

Die Krähe auf dem Krematoriumschlot
Und die Kamera, die übers Schlachtfeld streift,
Bannen einen Raum ohne Platz für die Zeit.
Rechts steht ein Dorf in Flammen, in einem Marktstädtchen zur
                                                           Linken
Feuern die Soldaten, der Bürgermeister bricht in Tränen aus.
Die Gefangenen werden abgeführt, während weit in der Ferne
Ein Tanker in ein leidloses Meer versinkt.
So geschieht es schon immer; für alle Zeiten
Schwebt Pflaumenblüte auf die Toten, der Wasserfall übertost
Den Schrei der Ausgepeitschten und die Seufzer der Liebenden,
Und das grell gleißende Licht schmiedet
Einen belanglosen Moment zu etwas Unumstößlichem,
Mit dem ein Bote pfeifend in den Engpaß taucht:
Der eine genießt Ruhm, der andere muß Schmach erdulden;
Er darf, sie muß, und es ist niemandes Verschulden.

The steady eyes of the crow and the camera's candid eye
See as honestly as they know how, but they lie.
The crime of life is not time. Even now, in this night
Among the ruins of the Post-Vergilian City
Where our past is a chaos of graves
                                    and the barbed-wire stretches ahead
Into our future till it is lost to sight,
Our grief is not Greek: As we bury our dead
We know without knowing there is reason fot what we bear,
That our hurt is not a desertion, that we are to pity
Neither ourselves nor our city;
Whoever the searchlights catch, whatever the loudspeakers blare,
We are not to despair.

II

Alone in a room Pope Gregory whispered his name
    While the Emperor shone on a centreless world
From wherever he happened to be; the New City rose
    Upon their opposition, the yes and no
Of a rival allegiance; the sword, the local lord
    Were not all; there was home and Rome;
Fear of the stranger was lost on the way to the shrine.

The facts, the acts of the City bore a double meaning:
    Limbs became hymns; embraces expressed in jest
A more permanent tie; infidel faces replaced
    The family foe in the choleric's nightmare;
The children of water parodied in their postures
    The infinite patience of heaven;
Those born under Saturn felt the gloom of the day of doom.

Die starren Augen der Krähe und das unbestechliche Kameraauge
Sehen so treu, wie sie es vermögen, aber sie lügen.
Das Verbrechen des Lebens ist nicht die Zeit. Selbst jetzt, in
                                                    dieser Nacht,
Inmitten der Trümmer der nach-virgilischen Stadt,
Da die Vergangenheit ein Gräberwirrwarr ist, da sich der
                                                    Stacheldraht
Weiter, als das Auge reicht, in unsre Zukunft rollt,
Ist unser Kummer nicht der griechische: Da wir unsre Toten
                                                    bestatten,
Wissen wir ohne Wissen, die Bürde, die wir tragen, ist nicht
                                                    ohne Grund,
Nicht aus Verlassenheit rührt unser Schmerz, wir müssen
                                                    nicht klagen
über die Not der Stadt noch über unsre Plagen;
Was auch die Lautsprecher plärren, wen auch die Scheinwerfer
                                                    fassen,
Wir dürfen die Hoffnung nicht lassen.

II

Allein in einem Zimmer flüsterte Papst Gregor seinen Namen,
    Indes der Kaiser, wo immer er weilte,
Auf eine Welt ohne Mitte schien; die Neue Stadt erhob sich
    Auf ihrer beider Gegensatz, dem Ja und Nein
Einer zweifachen Treuepflicht; das Schwert und der Lehensherr
    Waren nicht alles; es gab die Heimat, es gab Rom;
Beim Gang zum Schrein hob sich die Fremdenangst hinweg.

In Rat und Tat der Stadt lag ein doppelter Sinn:
    Glieder wurden zu Liedern; die Umarmung bezeugte im
                                                    Scherz
Ein bleibenderes Band; Heidengesichter erschienen
    dem Heißsporn statt des Sippenfeinds im Traum;
Die Kinder des Wassers boten in ihrem Gebaren ein Zerrbild
    Der unerschöpflichen Langmut des Himmels;
Die Saturngeborenen plagte der Gram des Jüngsten Tages.

Scribes and innkeepers prospered; suspicious tribes combined
    To rescue Jerusalem from a dull god,
And disciplined logicians fought to recover thought
    From the eccentricities of the private brain
For the Sane City; framed in her windows, orchards, ports,
    Wild beasts, deep rivers and dry rocks
Lay nursed on the smile of a merciful Madonna.

In an sandy province Luther denounced as obscene
    The machine that so smoothly forgave and saved
If paid; he announced to the Sinful City a grinning gap
    No rite could cross; he abased her before the Grace:
Henceforth division was also to be her condition;
    Her conclusions were to include doubt,
Her loves were to bear with her fear; insecure, she endured.

Saints tamed, poets acclaimed the raging herod of the will;
    The groundlings wept as on a secular stage
The grand and the bad went to ruin in thundering verse;
    Sundered by reason and treason the City
Found invisible ground for concord in measured sound,
    While wood and stone learned the shameless
Games of man, to flatter, to show off, be pompous, to romp.

Nature was put to the Question in the Prince's name;
    She confessed, what he wished to hear, that she had no soul;
Between his scaffold and her coldness the restrained style,
    The ironic smile became the worldly and devout,
Civility a city grown rich: in his own snob way
    The unarmed gentleman did his job
As a judge to her children, as a father to her forests.

Schreiber und Wirte florierten; mißtrauische Stämme ersannen
                                                    den Plan,
    Jerusalem von einem stumpfsinnigen Gott zu befreien,
Und strenge Logiker stritten, das Denken zu lösen
    Aus den Regellosigkeiten des Laienhirns
Zum Wohlergehn der Stadt; in ihren Fenstern eingerahmt,
                                                    erquickten sich
    Gärten, Häfen, wilde Tiere, tiefe Flüsse, trockne Felsen
Friedvoll an dem Lächeln einer huldvollen Madonna.

In einer sandigen Provinz rief Luther Schande über sie,
    Die Maschinerie, die so glatt vergab und Lossprechung gewährte
Gegen Entgelt; er kündete der Sündenstadt einen klaffenden Riß,
    durch keinen Kult zu schließen; er trat sie vor der Gnade in
                                                    den Staub.
Sich für immer zu spalten war ihr nun vorbehalten;
    Den Zweifel schlossen ihre Schlüsse nicht mehr aus,
Ihre Furcht war mit ihrer Liebe zu tragen; sie währte, gefährdet.

Heilige zähmten, Dichter verbrämten den entfesselten Herodes
                                                    des Willens;
    Die Gründlinge weinten, als auf der irdischen Bühne
Im Versgedonner Groß und Arg zugrunde gingen;
    Die Stadt fand, uneins durch Vernunft wie durch Verrat,
Unsichtbaren Grund zur Eintracht in gemeßnen Tönen,
    Indessen Holz und Stein die Menschenmimikry erlernten,
Die Schmeichelei, den Prunk, den Schwulst, die Tollerei.

In des Fürstens Namen unterzog man die Natur der peinlichen
                                                    Befragung;
    Sie bekannte, was er hören wollte, daß sie ohne Seele sei;
Zwischen seinem Schafott und ihrer Kälte ziemten knapper Stil
    Und Spötterlächeln Weltlichen und Frommen,
Der reich gewordnen Stadt die Höflichkeit: auf seine
                                                    dünkelhafte Art
    Versah der waffenlose Adlige seinen Dienst,
Ein Richter ihren Kindern, ein Vater ihren Wäldern.

In a national capital Mirabeau and his set
    Attacked mystery; the packed galleries roared
And history marched to the drums of a clear idea,
    The aim of the Rational City, quick to admire,
Quick to tire: she used up Napoleon and threw him away;
    Her pallid affected heroes
Began their hectic quest for the prelapsarian man.

The deserts were dangerous, the waters rough, their clothes
    Absurd but, changing their Beatrices often,
Sleeping little, they pushed on, raised the flag of the Word
    Upon lawless spots denied or forgotten
By the fear or the pride of the Glittering City;
    Guided by hated parental shades
They invaded and harrowed the hell of her natural self.

Chimeras mauled them, they wasted away with the spleen,
    Suicide picked them off; sunk off Cape Consumption,
Lost on the Tosspot Seas, wrecked on the Gibbering Isles
    Or trapped in the ice of despair at the Soul's Pole,
They died, unfinished, alone; but now the forbidden,
    The hidden, the wild outside were known:
Faithful without faith, they died for the Conscious City.

III

        Across the square,
Between the burnt-out Law Courts and Police Headquarters,
Past the Cathedral far too damaged to repair,
Around the Grand Hotel patched up to hold reporters,
    Near huts of some Emergency Committee,
    The barbed wire runs through the abolished City.

In einer Hauptstadt legten sich Mirabeau und sein Anhang
    Mit dem Mysterium an; die überfüllten Tribünen tobten,
Und die Geschichte ging im Takt der Trommeln einer klaren Idee,
    Ihr Ziel: die Stadt der Vernunft, rasch zu entflammen,
Rasch im Verdammen: sie verschliß Napoleon und warf ihn fort;
    Ihre bleichen, affektierten Helden
Begannen die fiebernde Jagd nach Adam vor dem Sündenfall.

Die Wüsten waren voller Fährnis, rauh die Wasser, ihre Kleidung
    ein Witz, jedoch mit immer neuen Beatricen
Und mit wenig Schlaf drangen sie weiter vor, hißten die Flagge
                                        des Wortes
    an rechtlosen Orten, verleugnet oder vergessen
Von der Furcht oder dem Stolz der Glitzerstadt;
    Geleitet von verhaßten elterlichen Schatten,
Stürmten und verheerten sie die Hölle ihrer ureigenen Natur.

Schimären hackten auf sie ein, sie siechten hin am Spleen,
    Der Selbstmord raffte sie hinweg, gesunken vor Kap Auszehrung,
verschollen im Säufermeer, vor der Schwatzinsel zerschellt,
    Oder gefangen im Eis der Verzweiflung in der Arktis der Seele,
Starben sie, unvollendet, allein; doch jetzt war das Draußen
                                        bekannt,
    das Verfemte, Verborgene, das Wilde:
Gläubige, ohne zu glauben, starben sie für die Wissende Stadt.

III

        Quer über den Platz,
Zwischen dem ausgebrannten Justizpalast und der
                            Polizeikommandantur,
Hinter dem zerstörten Dom, an dem nichts mehr zu reparieren ist,
Rund um den Rest des Grandhotels, des Notquartiers für die
                                        Reporter,
    Bei Baracken, die man für ein Notstandskomitee errichtet hat,
    Durchtrennt der Stacheldraht die aufgehobne Stadt.

Across the plains,
Between two hills, two villages, two trees, two friends,
The barbed wire runs which neither argues nor explains
But where it likes, a place, a path, a railroad ends,
   The humor, the cuisine, the rites, the taste,
   The pattern of the City, are erased.

   Across our sleep
The barbed wire also runs: It trips us so we fall
And white ships sail without us though the others weep,
It makes our sorry fig-leaf at the Sneerer's Ball,
   It ties the smiler to the double bed,
   It keeps on growing from the witch's head.

   Behind the wire
Which is behind the mirror, our Image is the same
Awake or dreaming: It has no image to admire,
No age, no sex, no memory, no creed, no name,
   It can be counted, multiplied, employed
   In any place, at any time destroyed.

   Is It our friend?
No; that is our hope; that we weep and It does not grieve,
That for It the wire and the ruins are not the end:
This is the flesh we are but never would believe,
   The flesh we die but it is death to pity;
   This is Adam waiting for His City.

Let Our Weakness speak

Quer über die Ebene,
Zwischen zwei Hügeln, zwei Dörfern, zwei Bäumen, zwei Freunden
Verläuft der Stacheldraht, der weder diskutiert noch Gründe nennt,
Doch wo er will, dort endet eine Gegend, eine Straße, eine
                                                    Eisenbahn,
    Humor und Brauchtum, Kochkunst, Kultus und
                                    Geschmacksempfinden,
Was Muster war der Stadt, ist nicht mehr aufzufinden.

    Quer durch unsern Schlaf
Läuft ebenfalls der Stacheldraht: er fällt uns in den Schritt, so daß
                                                    wir stolpern,
Und weiße Schiffe segeln ohne uns, obwohl die andern weinen,
Er bildet unser kummervolles Feigenblatt beim Ball des Zynikers,
    Aufs Doppelbett hält er den Grinsenden gebunden,
    Der Hexenkopf zeigt sich von ihm umwunden.

    Hinter dem Draht,
Hinter dem Spiegel also, ist unser Bild dasselbe
Im Wachen und im Traum: Es hat kein Bild, das es bewundern
                                                    könnte,
Kein Alter, kein Geschlecht, keine Erinnerung, kein Credo,
                                                    keinen Namen,
    Es läßt sich zählen, benutzen, um ein Vielfaches vermehren
    Und sich an jedem Ort, zu jeder Zeit, zerstören.

    Ist es unser Freund?
Nein; das ist unsre Hoffnung; daß wir weinen und Es keinen
                                                    Kummer fühlt,
Daß für Es der Draht und die Ruinen nicht das Ende sind:
Dies ist das Fleisch, das unser Sein ist, doch an das wir niemals
                                                    glaubten,
    In dem wir sterben, aber für den Tod muß man das Mitleid
                                                    hegen;
    Adam ist dies, und Seiner Stadt sieht er entgegen.

Laßt unsere Schwäche sprechen.

Deutsch von Simon Werle

97

The Managers

In the bad old days it was not so bad:
    The top of the ladder
Was an amusing place to sit: success
    Meant quite a lot – leisure
And huge meals, more palaces filled with more
    Objects, books, girls, horses
Than one would ever get round to, and to be
    Carried uphill while seeing
Others walk. To rule was a pleasure when
    One wrote a death-sentence
On the back of the Ace of Spades and played on
    With a new deck. Honors
Are not so physical or jolly now,
    For the species of Powers
We are used to are not like that. Could one of them
    Be said to resemble
The Tragic Hero, the Platonic Saint,
    Or would any painter
Portray one rising triumphant from a lake
    On a dolphin, naked,
Protected by an umbrella of cherubs? Can
    They so much as manage
To behave like genuine Caesars when alone
    Or drinking with cronies,
To let their hair down and be frank about
    The world? It is doubtful.
The last word on how we may live or die
    Rests today with such quiet
Men, working too hard in rooms that are too big,
    Reducing to figures
What is the matter, what is to be done.
    A neat little luncheon
Of sandwiches is brought to each on a tray,
    Nourishment they are able
To take with one hand without looking up

Die Manager

In der schlechten alten Zeit war es gar nicht so schlecht:
    Auf der obersten Sprosse
War gut sitzen; Erfolg, das hieß damals noch viel:
    Freizeit und Schlemmen,
Paläste mit Sachen und Mädchen und Pferden, soviel, daß man nie
    Damit fertig wurde. Das hieß auch
Bequem den Berg hinauf fahren und andre zu Fuß gehen sehen.
    Regieren war ein Vergnügen
Als man ein Todesurteil noch hinten auf das Pik-As
    Hinschrieb und weiterspielte
Mit einem neuen Pack Karten. Heute sind Würden nicht mehr
    So leiblich und so vergnüglich.
Die Art von Machthabern, die wir gewohnt sind heute,
    Sieht anders aus. Da ist keiner
Ein platonischer Heiliger oder ein tragischer Held.
    Oder würde ein Maler
Einen von ihnen heut malen, auf einem Delphin
    Den Fluten entsteigend,
Nackt, im Triumph, mit Englein als Ehrengeleit?
    Können sie denn auch
Nur tun wie echte Cäsaren, alleine, oder beim Wein
    Mit ihren Kumpanen?
Ohne Blatt vor dem Mund sich aussprechen über die Welt?
    Das ist noch fraglich.
Das letzte Wort über unser Leben und Sterben liegt heute
    Bei stillen Männern,
Die zu schwer arbeiten in zu großen Räumen und
    In bloße Ziffern verwandeln
Die Dinge, um die es geht, die zu erledigen sind.
    Belegte Brötchen
Auf einem Tablett stellt man vor jeden hin.
    Die kann er essen
Mit einer Hand, ohne aufzublicken dabei
    Von Papieren, zu deren
Einordnen zwei Sekretärinnen nötig sind,

From papers a couple
Of secretaries are needed to file,
    From problems no smiling
Can dismiss. The typewriters never stop
    But whirr like grasshoppers
In the silent siesta heat as, frivolous
    Across their discussions,
From woods unaltered by our wars and our vows
    There drift the scents of flowers
And the songs of birds who will never vote
    Or bother to notice
Those distinguishing marks a lover sees
    By instinct and policemen
Can be trained to observe. Far into the night
    Their windows burn brightly
And, behind their backs bent over some report,
    On every quarter,
For ever like a god or a disease
    There on the earth the reason
In all its aspects why they are tired, the weak,
    The inattentive, seeking
Someone to blame. If, to recuperate
    They go a-playing, their greatness
Encounters the bow of the chef or the glance
    Of the ballet-dancer
Who cannot be ruined by any master's fall.
    To rule must be a calling,
It seems, like surgery or sculpture; the fun
    Neither love nor money
But taking necessary risks, the test
    Of one's skill, the question,
If difficult, their own reward. But then
    Perhaps one should mention
Also what must be a comfort as they guess
    In times like the present
When guesses can prove so fatally wrong,
    The fact of belonging
To the very select indeed, to those

Von Problemen, die ein Lächeln
Nicht abtun kann. Die Schreibmaschinen sind nie
   Still, sondern schwirren
Durch die stille Siestahitze heuschreckengleich, indes
   In jede Besprechung
Aus Wäldern, die wir nicht ändern mit Krieg und Vertrag,
   Blumendüfte dringen
Und Stimmen von Vögeln, die niemals abstimmen werden, und die
   Sich nicht scheren
Um das besondere Merkmal, welches der Liebende spürt
   Und der geschulte
Polizist erkennt. Hell, bis tief in die Nacht,
   Sind die Fenster
Der Mächtigen, und dort hocken sie tiefgebeugt
   Über irgendeinen
Erschöpfenden Bericht über dies oder das,
   Immerzu, wie ein Gott oder eine Krankheit
Auf dieser Welt, die der große Grund ist, aus dem
   Sie so müd sind,
Sie, die Herrscher, die – schwächlich und unachtsam –
   Suchen den Sündenbock. Oder
Dann wieder, wenn sie ausgehn, um sich zu zerstreuen,
   Stößt ihre Größe
Vielleicht auf des Küchenchefs Verbeugung oder den Blick
   Der Ballerina,
Die nicht zugrundegeht, wenn ein Machthaber fällt.
   Herrschen muß etwas
Besonderes sein, eine Art Berufung, vielleicht
   Wie Bildhauer oder Chirurg sein;
Nicht Geld und nicht gute Worte verleihen ihm Reiz,
   Sondern das nötige Wagnis,
Der Einsatz der eignen Gewandtheit, das schwere Problem
   Ist Lohn an sich. Dann aber
Ist etwas noch zu erwähnen, was sie vielleicht
   Tröstet beim Raten,
In Zeiten wie unsre, wo es leicht ist, so katastrophal
   Danebenzuraten:
Das Wissen, daß sie unter den ganz Wenigen sind,

For whom, just supposing
They do, there will be places on the last
    Plane out of disaster.
No; no one is really sorry for their
    Heavy gait and careworn
Look, nor would they thank you if you said you were.

June 1948

Den Auserlesenen,
Denen, wenns wirklich schiefgeht, im letzten Flugzeug ein Platz
   Sicher ist – hinaus aus der Katastrophe.
Nein; sie tun eigentlich keinem mit ihrem schweren Schritt
   Leid, und mit ihren Mienen
Voll Sorge; sie wüßten auch keinem für solches Mitleid Dank.

Deutsch von Erich Fried

Down there

(Thanksgiving for a Habitat IV)

For Irving Weiss

A cellar underneath the house, though not lived in,
Reminds our warm and windowed quarters upstairs that
Caves water-scooped from limestone were our first dwellings,
A providential shelter when the Great Cold came,
Which woke our feel for somewhere fixed to come back to,
A hole by occupation made to smell human.

Self-walled, we sleep aloft, but still, at safe anchor,
Ride there on caves; lamp-lit, we dine at street level:
But, deep in Mother Earth, beneath her key-cold cloak,
Where light and heat can never spoil what sun ripened,
In barrels, bottles, jars, we mew her kind commons,
Wine, beer, conserves and pickles, good at all seasons.

Encrust with years of clammy grime, the lair, maybe,
Of creepy-crawlies or a ghost, its flag-stoned vault
Is not for girls: sometimes, to test their male courage,
A father sends the younger boys to fetch something
For Mother from down there; ashamed to whimper, hearts
pounding,
They dare the dank steps; re-emerge with proud faces.

The rooms we talk and work in always look injured
When trunks are being packed, and when, without warning,
We drive up in the dark, unlock and switch lights on,
They seem put out: a cellar never takes umbrage;
It takes us as we are, explorers, homebodies,
Who seldom visit others when we don't need them.

July 1963

Da unten

Ein Keller unterm Haus, auch wenn er nicht bewohnt ist,
Gemahnt unsere warmen, fensterbewehrten Räume oben,
Daß Höhlen, vom Wasser herausgeschwemmt, unsre ersten
                                        Wohnstätten waren,
Ein Schutz der Vorsehung, als die große Kälte kam,
Die unsere Lust auf einen sicheren Ort zur Rückkehr weckte,
Ein Loch, das durch Besiedlung menschlichen Geruch annahm.

In selbstgemachten Mauern schlafen wir lufthoch, aber fest verankert,
Fahren hin über Höhlen: Im Lampenlicht speisen wir in Straßenhöhe,
Doch tief in der Mutter Erde unter ihrem schlüsselkalten Mantel,
Wo Licht und Hitze nicht mehr verderben können, was die Sonne
                                        reifte,
In Fässern, Flaschen, Krügen verschließen wir ihre gütliche Kost,
Wein, Bier, Eingemachtes und Essigfrüchte, gut zu jeder Jahreszeit.

Verkrustet mit uraltem, schlatzigem Schleim, ein Hort vielleicht
Von Kriechtieren oder einem Gespenst, ist diese fliesenbedeckte Gruft,
Nichts für Mädchen. Zuweilen, um ihren Mannesmut zu erproben,
Schickt ein Vater die jüngeren Knaben aus, etwas für Mutter
Von hier unten zu holen; sie schämen sich, zu jammern, mit
                                        hämmerndem Herzen
Wagen sie die glitschige Treppe, tauchen wieder auf mit stolzer
                                        Miene.

Die Zimmer, in denen wir reden und werken, sehen immer gekränkt
                                        aus,
Wenn man Koffer packt; und wenn wir unangekündigt
Im Finsteren angefahren kommen, aufsperren und das Licht
                                        anknipsen,
Scheinen sie verstimmt. Ein Keller nimmt niemals Anstoß;
Er nimmt uns, wie wir sind, Forschungsreisende, Stubenhocker,
Die selten andere besuchen, wenn sie ihrer nicht bedürfen.

Deutsch von Hilde Spiel

Up there

(Thanksgiving for a Habitat V)

For Anne Weiss

Men would never have come to need an attic.
Keen collectors of glass or Roman coins build
Special cabinets for them, dote on, index
Each new specimen: only women cling to
Items out of their past they have no use for,
Can't name now what they couldn't bear to part with.

Up there, under the eaves, in bulging boxes,
Hats, veils, ribbons, galoshes, programmes, letters
Wait unworshipped (a starving spider spins for
The occasional fly): no clock recalls it
Once an hour to the household it's a part of,
No Saint's Day is devoted to its function.

All it knows of a changing world it has to
Guess from children, who conjure in its plenum,
Now an eyrie for two excited sisters,
Where, when Mother is bad, her rage can't reach them,
Now a schooner on which a lonely only
Boy sails North or approaches coral islands.

July 1963

Da oben

Kein Mann hätte je eines Dachbodens bedurft.
Emsige Sammler von Gläsern oder römischen Münzen bauen
Sich eigens dafür Vitrinen, vergöttern, verzeichnen
Jedes neue Exemplar. Nur Frauen klammern sich an
Relikte ihrer Vergangenheit, die sich nicht mehr brauchen,
Wüßten nicht mehr zu nennen, wovon sie sich nicht trennen
                                                     können.

Da oben, unter dem Dachfirst, in überquellenden Schachteln,
Harren Hüte, Schleier, Bänder, Galoschen, Programme, Briefe,
Nicht weiter verehrt (eine verhungernde Spinne spinnt für
Die Zufallsfliege). Keine Uhr kündet davon
Einmal stündlich dem Haushalt, zu dem es ja gehört,
Kein Tag eines Heiligen ist seinen Zwecken geweiht.

Was es weiß von einer wechselnden Welt, muß es von Kindern
Erahnen, die in seiner Mitte Zauberspiele treiben,
Einmal ein Zufluchtsort für zwei aufgeregte Schwestern,
Unerreichbar, wenn die Mutter tobt, für ihre Zornausbrüche,
Dann wieder ein Schoner, auf dem ein einsamer einziger Junge
Nordwärts segelt oder sich Koralleninseln nähert.

Deutsch von Hilde Spiel

Whitsunday in Kirchstetten

For H. A. Reinhold

Grace dances. I would pipe. Dance ye all.
— *Acts of John*

Komm, Schöpfer Geist I bellow as Herr Beer
picks up our slim offerings and Pfarrer Lustkandl
    quietly gets on with the Sacrifice
as Rome does it: outside car-worshippers enact
    the ritual exodus from Vienna
their successful cult demands (though reckoning time
    by the Jewish week and the Christian year
like their pedestrian fathers). When Mass is over,
    Although obedient to Canterbury,
I shall be well-gruss-gotted, asked to contribute
    to *Caritas*, though a metic come home
to lunch on my own land: no doubt, if the Allies had not
    conquered the Ost-Mark, if the dollar fell,
the *Gemütlichkeit* would be less, but when was peace
    or its concomitant smile the worse
for being undeserved?
                    In the onion-tower overhead
    bells clash at the Elevation, calling
on Austria to change: whether the world has improved
    is doubtful, but we believe it could
and the divine Tiberius didn't. Rejoice, the bells
    cry to me. Blake's Old Nobodaddy
in his astronomic telescopic heaven,
    the Big White Christian upstairs, is dead,
and won't come hazing us no more, nor bless our bombs:
    no more need sons of the menalty,
divining their future from plum-stones, count aloud
    Army, Navy, Law, Church, nor a Prince
say who is *papabile*. (The Ape of the Living God

Pfingstsonntag in Kirchstetten

Gnade tanzt. Ich möchte flöten. Tanzet alle.
– *Acts of John*

»Komm, Schöpfer Geist«, plärr' ich, während Herr Bayer
unsere kargen Spenden sammelt und Pfarrer Lustkandl
   still mit dem Opfer fortschreitet,
wie Rom es zu tun pflegt: draußen vollziehen Auto-Anbeter
   den ritualen Exodus aus Wien,
den ihr erfolgreicher Kult verlangt (obwohl sie die Zeit
   nach der jüdischen Woche rechnen und dem christlichen Jahr,
wie ihre Fußgänger-Väter). Der Gottesdienst vorüber,
   werd' ich, obzwar gehorsam Canterbury,
herzlich mit Grüß-Gott gegrüßt, gebeten werden,
   der Caritas zu spenden, obwohl ein Zugereister, heimgekommen,
auf meinem eigenen Land zu essen: natürlich, hätten die Alliierten
   die Ostmark nicht erobert und würde der Dollar fallen,
gäb's weniger Gemütlichkeit, doch wann war Friede
   oder sein begleitend' Lächeln schlechter,
weil unverdient?
        Im Zwiebelturme oben
   läuten die Glocken zur Wandlung, rufen
Österreich, sich zu verwandeln: ob sich die Welt gebessert,
   ist zweifelhaft, doch glauben wir, sie könnt' es;
der göttliche Tiberius tat's nicht. Freu Dich, rufen die Glocken
   mich an. Blake's Alter Niemandvater
in seinem astronomischen Fernrohrhimmel,
   der Große Weiße Christ der Beltage, ist tot,
wird nie mehr kommen, uns zu plagen, unsre Bomben uns zu
                segnen:
   und nimmer brauchen Söhne aus dem Mittelstand,
ihre Zukunft aus Pflaumenkernen ratend, laut abzuzählen:
   Heer, Flotte, Jus oder Kirche, noch ein Prinz
bestimmen, wer papabile. (Der Affe des Lebend'gen Gottes

knows how to stage a funeral, though,
as penitents like it: Babel, like Sodom, still
    has plenty to offer, though of course it draws
a better sort of crowd.) Rejoice: we who were born
    congenitally deaf are able
to listen now to rank outsiders. The Holy Ghost
    does not abhor a golfer's jargon,
a Lower-Austrian accent, the cadences even
    of my own little anglo-american
musico-liberary set (though difficult,
    saints at least may think in algebra
without sin): but no sacred nonsense can stand Him.
    Our magic syllables melt away,
our tribal formulae are laid bare: since this morning,
    it is with a vocabulary
made wholesomely profane, open in lexicons
    to our foes to translate, that we endeavour
each in his idiom to express the true *magnalia*
    which need no hallowing from us, loaning terms,
exchanging graves and legends. (Maybe, when just now
    Kirchstetten prayed for the dead, only I
remembered Franz Joseph the Unfortunate, who danced
    once in eighty-six years and never
used the telephone.)
                        An altar-bell makes a noise
    as the Body of the Second Adam
is shown to some of his torturers, forcing them
    to visualize absent enemies
with the same right to grow hybrid corn and be wicked
    as an Abendländer. As crows fly,
ninety kilometers from here our habits end,
    where mine-field and watch-tower say NO EXIT
from peace-loving Crimtartary, except for crows
    and agents of peace: from Loipersbach
to the Bering Sea not a living stockbroker,
    and church attendance is frowned upon
like visiting brothels (but the chess and physics

versteht's Begräbnisse zu inszenieren, doch,
wie's Büßern auch gefällt: Babel, gleich Sodom, hat noch
    genug zu offerieren, obwohl natürlich
seine Klientel heut' besser ist.) Freut Euch: Wir, die wir
    von Geburt an taub, sind nunmehr fähig,
selbst Tschuschen anzuhören. Der Heilige Geist
    verachtet nicht den Golf-Jargon,
den Dialekt des Niederösterreichers, nicht einmal
    den Tonfall meiner kleinen anglo-amerikanischen
literatur-musikalischen Clique (obzwar schwierig,
    Heilige zumindest dürften sündelos in Algebra denken):
doch kein heiliger Unsinn kann Ihn ertragen.

Unsere magischen Silben schmelzen hinweg,
unsere Stammesformeln werden bloßgelegt: seit diesem Morgen
    versuchen wir mit einem Wortschatz,
heilsam profan gemacht, für unsere Feinde in Lexikas
    zur Übersetzung offen, jeder in seiner Sprache, die
wahren magnalia auszudrücken, die keiner Heiligung
    durch uns bedürfen, Lehensworte,
die Gräber und Legenden tauschen (vielleicht, daß eben jetzt,
    als ganz Kirchstetten für die Toten betete,
nur ich des unglücklichen Franz Joseph dachte, der einmal tanzte
    in sechsundachtzig Jahren und nie
das Telephon benutzte).
                    Ein Altarglöckchen lärmt
    als der Leib des Zweiten Adam
einigen seiner Henkersknechte gezeigt wird, sie zwingt
    sich ferne Feinde vorzustellen
mit gleichem Recht hybriden Mais zu pflanzen und wie ein
                                        Abendländer
    verderbt zu sein. Im Krähenflug
neunzig Kilometer von hier enden unsere Gewohnheiten
    wo Minenfeld und Wachturm KEIN AUSGANG sagen
aus der friedliebenden Krimtartarei – außer für Krähen
    und Friedens-Agenten: von Loipersbach
zur Bering-See gibts keinen Börsenmakler
    und über Kirchgang runzelt man die Stirn
als wäre es Bordellbesuch (Physik und Schach jedoch

are still the same). We shall bury you
and dance at the wake, say her chiefs: that, says Reason
   is unlikely. But to most people
I'm the wrong colour: it could be the looter's turn
   for latrine-duty and the flogging-block,
my kin who trousered Africa, carried our smell
   to germless poles.
               Down a Gothic nave
   comes our Pfarrer now, blessing the West with water:
we may go. There is no Queen's English
   in any context for *Geist* or *Esprit:* about
catastrophe or how to behave in one
   what do I know, except what everyone knows
if there when Grace dances, I should dance.

July 1962

sind noch dieselben). Wir werden euch begraben
und bei der Leichenfeier tanzen, sagen ihre Führer: das, sagt der
                                        Verstand
  ist unwahrscheinlich. Doch den meisten Leuten
hab' ich die falsche Farbe: der Plünderer könnte an der Reihe sein
  für Prügelbank, Latrinenputzen,
meine Anverwandten, die Afrika behosten, trugen unseren Geruch
  an keimfreie Pole.
             Das gotische Kirchenschiff herunter
kommt unser Pfarrer nun, den Westen mit Wasser segnend:
wir können gehn. Es gibt kein Wort im Englischen
  in irgendeinem Bezug für GEIST oder ESPRIT: über
Katastrophen oder wie sich in einer zu verhalten
  weiß ich nichts, außer was jeder weiß –
daß dann, wenn Gnade tanzt, ich tanzen sollte.

Deutsch von Claus Pack

Elegy for J. F. K.
November 22nd, 1963

(Eleven Occasional Poems III)

Why *then*, why *there*,
Why *thus*, we cry, did he die?
The heavens are silent.

What he was, he was:
What he is fated to become
Depends on us.

Remembering his death,
How we choose to live
Will decide its meaning.

When a just man dies,
Lamentation and praise,
Sorrow and joy, are one.

February 1964

Elegie für J. F. K.
22. November 1963

Warum *dann*, warum *dort*,
Und daß es *so* geschah, daß er starb?
Die Himmel sind stumm.

Er war, was er war.
Was aus ihm werden soll,
Das liegt an uns.

Wie wir, erinnernd seinen Tod,
Zu leben uns entschließen,
Entscheidet über seinen Sinn.

Wenn ein Gerechter stirbt,
Sind Klage und Lobpreis,
Die Trauer, die Freude sind eins.

Deutsch von Hans Egon Holthusen

Josef Weinheber (1892–1945)

(Eleven Occasional Poems V)

Reaching my gate, a narrow
lane from the village
passes on into a wood:
when I walk that way
it seems befitting to stop
and look through the fence
of your garden where (under
the circs they had to)
they buried you like a loved
old family dog.

Categorised enemies
twenty years ago,
now next-door neighbours, we might
have become good friends,
sharing a common ambit
and love of the Word,
over a golden *Kremser*
had many a long
language on syntax, commas,
versification.

Yes, yes, it has to be said :
men of great damage
and malengine took you up.
Did they for long, though,
take you in, who to Goebbels'
offer of culture
countered – *in Ruah lossen?*
But Rag, Tag, Bobtail
prefer a stink, and the young
condemn you unread.

Josef Weinheber

Ein schmaler Pfad, der aus dem
Dorf kommt, führt an meinem
Gartentor vorbei und weiter in den Wald:
Wenn ich diesen Weg gehe,
Fühle ich mich verpflichtet, anzuhalten
Und durch den Zaun deines Gartens
Zu blicken, wo man (unter
Den damaligen Umständen)
Dich wie einen geliebten
Alten Familienhund begrub.

Abgestempelte Feinde
Vor zwanzig Jahren,
Jetzt, Nachbarn Tür an Tür, wären
Wir vielleicht Freunde geworden,
Die eine gemeinsame Umwelt
Und die Liebe zum Wort teilten.
Bei einem goldfarbenen Kremser
Hätten wir lange Gespräche
Über Syntax, Kommas und
Versemachen geführt.

Ja, ja, es muß gesagt werden:
Männer großen Unheils
Und Übelwollens nahmen sich deiner an.
Für wie lange doch
Wickelten sie dich ein, dich,
Der auf Goebbels' Kulturangebot
Entgegnete IN RUAH LOSSEN!?
Aber Krethi und Plethi
Ziehen Skandale vor, und die Jungen
Verdammen dich ungelesen.

What, had you ever heard of
Franz Jägerstätter,
the St Radegund peasant,
who said his lonely
Nein to the Aryan State
and was beheaded,
would your heart, as Austrian,
poet, have told you?
Good care, of course, was taken
you should hear nothing,

be unprepared for a day
that was bound to come,
a season of dread and tears
and dishevelment
when, transfixed by a nightmare,
you destroyed yourself.
Retribution was ever
a bungler at it:
dies alles ist furchtbar, hier
nur Schweigen gemäß.

Unmarked by me, unmourned for,
the hour of your death,
unhailed by you the moment
when, providence-led,
I first beheld Kirchstetten
on a pouring wet
October day in a year
that changed our cosmos,
the *annus mirabilis*
when Parity fell.

Already the realms that lost
were properly warm
and over-eating, their crimes
the pedestrian
private sort, those nuisances,

Was wohl, hättest du jemals gehört
Von Franz Jägerstätter,
Dem Bauern von St. Radegund,
Der sein einsames
Nein zum arischen Staat sagte
Und geköpft wurde –,
Was wohl dir, dem Österreicher
Und Dichter, dein Herz gesagt hätte?
Natürlich sorgte man dafür,
Daß nichts dir zu Ohren kam,

Daß du unvorbereitet warst
Für den Tag, der kommen mußte,
Für die Zeit voller Schrecken,
Tränen und Wirrnis,
Wo du, von Alpdrücken gequält,
Dich selbst zerstörtest.
Vergeltung war immer schon
Eine Pfuscherin:
Dies alles ist furchtbar, hier
Nur Schweigen gemäß.

Unbemerkt von mir, unbetrauert
Die Stunde deines Todes,
Unbegrüßt von dir der Augenblick,
Als ich, von der Vorsehung geführt,
Kirchstetten zum ersten Male sah
An einem verregneten
Oktobertag, in einem Jahr
Das unseren Kosmos veränderte,
Dem annus mirabilis,
Als die PARITÄT stürzte.

Schon waren die besiegten Reiche
Gründlich zufrieden
Und sattgefressen, ihre Verbrechen
Von ganz alltäglicher
Privater Art, jener Unfug,

corpses and rubble,
long carted away: for their raped
the shock was fading,
their kidnapped physicists felt
no longer homesick.

To-day we smile at weddings
where bride and bridegroom
were both born since the Shadow
lifted, or rather
moved elsewhere: never as yet
has Earth been without
her bad patch, some unplace with
jobs for torturers
(In what bars are they welcome?
What girls marry them?),

or her nutritive surface
at peace all over.
No one, so far as we know,
has ever felt safe:
and so, in secret regions,
good family men
keep eye, devoted as monks,
on apparatus
inside which harmless matter
turns homicidal.

Here, though, I feel as at home
as you did: the same
short-lived creatures re-utter
the same care-free songs,
orchards cling to the regime
they know, from April's
rapid augment of colour
till boisterous Fall,
when at each stammering gust
apples thump the ground.

Leichen und Trümmer,
Längst weggeräumt: Die Geschändeten
Vergaßen den Schock,
Ihre entführten Physiker hatten
Kein Heimweh mehr.

Heute lächeln wir bei Hochzeiten,
Wo Braut und Bräutigam
Geboren wurden, als der SCHATTEN
Sich hob oder vielmehr
Weiterwanderte. Niemals noch
War unsere Erde ohne
Böse Flecken, ohne einen Unort
Mit Jobs für Folterknechte
(In welchem Beisel sind sie willkommen?
Welche Mädchen heiraten sie?),

Nie noch auf ihrer nährenden Oberfläche
Überall Frieden.
Kein Mensch ist, soweit wir wissen,
Jemals sicher gewesen,
Drum hüten brave Familienväter
In geheimgehaltenen Zonen
Mit der Hingebung von Mönchen
Apparaturen,
In denen harmlose Materie
Mörderisch wird.

Doch hier fühle ich mich zuhause
Wie du einst: dieselben
Kurzlebigen Geschöpfe stimmen wieder
Dieselben sorgenfreien Lieder an,
Obstgärten bleiben dem Regime treu,
Das sie kennen, von des Aprils
Rasch aufblühenden Farben
Bis hin zum ungestümen Herbst,
Wenn bei jedem stammelnden Windstoß
Äpfel auf den Boden schlagen.

Looking across our valley
where, hidden from view,
Sichelbach tottles westward
to join the Perschling,
humanely modest in scale
and mild in contour,
conscious of grander neighbors
to bow to, mountains
soaring behind me, ahead
a noble river,

I would respect you also,
Neighbor and Colleague,
for even my English ear
gets in your German
the workmanship and the note
of one who was graced
to hear the viols playing
on the impaled green,
committed thereafter *den
Abgrund zu nennen.*

February 1965

Schaue ich über unser Tal,
Wo, dem Blick entzogen,
Der Sichelbach westwärts eilt,
Um mit der Perschling sich zu vereinen –
Ein menschlich bescheidenes Bild
Und sanft in den Konturen –,
Bin ich mir bedeutenderer Nachbarn bewußt,
Dich ich verehre: der Berge,
Die hinter mir aufragen, vor mir
Des prächtigen Flusses.

Doch möchte auch dich ich ehren,
Kollege und Nachbar,
Denn selbst mein englisches Ohr
Entdeckt in deinem Deutsch
Die Meisterschaft und den Tonfall
Eines, dem es vergönnt war,
Das Spiel der Bratschen
Auf umzäuntem Rasen zu hören,
Und dem es später oblag, den
Abgrund zu nennen.

Deutsch von Herbert Heckmann

Profile

He thanks God daily
that he was born and bred
a British Pharisee.

* * *

A childhood full of love
and good things to eat:
why should he not hate change?

* * *

Gluttony and Sloth
have often protected him
from Lust and Anger.

* * *

In his cups neither savage nor maudlin,
but all too prone
to hold forth.

* * *

Too timid to cruise,
in his feudal day-dream no
courage is needed.
The Cardinal halts his coach:
»Dear Child, you please me, Hop in!«

* * *

The way he dresses
reveals an angry baby,
howling to be dressed.

* * *

He has often stamped his feet,
wept on occasion,
but never been bored.

Profil

Täglich dankt er Gott
daß er als britischer Pharisäer
zur Welt kam und aufwuchs.

* * *

Eine Kindheit voller Liebe
und gute Dinge zu essen:
weshalb soll er den Wechsel nicht hassen?

* * *

Faulheit und Gefräßigkeit
haben ihn oft vor Zorn
und Fleischeslust bewahrt.

* * *

Im Rausch weder wild noch weinerlich,
aber nur allzu geneigt
lange Reden zu halten.

* * *

Zu ängstlich für Kreuzfahrten
braucht er keinen Mut
in seinen noblen Träumereien.
Der Kardinal hält die Kutsche an:
»Liebes Kind, du gefällst mir. Steig ein.«

* * *

Seine Art sich zu kleiden
verrät ein zorniges Baby,
das heulend angezogen werden will.

* * *

Er hat oft mit dem Fuß gestampft,
gelegentlich geweint,
aber nie sich gelangweilt.

Vain? Not very, except
about his knowledge of metre,
and his friends.

              * * *

Praise? Unimportant,
but jolly to remember
while falling asleep.

              * * *

He likes giving presents,
but finds it hard to forget
what each one cost.

              * * *

He envies those who have learned,
when reading newspapers,
how to fold them.

              * * *

He wishes he were
Konrad Lorenz and had written
Firbank's novels.

              * * *

Reaching a cross-roads,
he expects the traffic-lights
to turn green for him.

              * * *

So obsessive a ritualist
a pleasant surprise
makes him cross.

              * * *

Without a watch
he would never know when
to feel hungry or horny.

Eitel? Nicht sehr, außer
auf sein Wissen um Versmaße
und seine Freunde.

* * *

Lob? Unwichtig,
aber nett, sich im Einschlafen
dran zu erinnern.

* * *

Er gibt gern Geschenke,
kann aber schwer vergessen,
was jedes einzelne gekostet hat.

* * *

Er beneidet jene, die gelernt haben,
Zeitungen beim Lesen
richtig zu falten.

* * *

Er wollte, er wäre
Konrad Lorenz und hätte
Firbanks Romane geschrieben.

* * *

An der Kreuzung angelangt,
erwartet er, daß die Ampel
grün für ihn werde.

* * *

Ein solches Tier der Gewohnheit,
daß eine freudige Überraschung
ihn ärgerlich macht.

* * *

Ohne eine Uhr
würde er niemals wissen, wann
hungrig oder geil zu sein.

His guardian-angel
has always told him
What and Whom to read next.

* * *

Conscious of his good-luck,
he wonders why so few
people kill themselves.

* * *

Scanning his fellow
Subway passengers, he asks:
»Can I really be
the only one in this car
who is glad to be alive?«

* * *

On waking, he thinks:
»Precious, Precious Me!
A fig for your detractors!«

* * *

On going to bed:
»What *am* I to do?
Again You have let Us down.«

1965–1966

Sein Schutzengel
hat ihm immer gesagt,
wen und was er als nächstes lesen soll.

* * *

Eingedenk seines eigenen Glücks,
fragt er sich, warum so wenige
Menschen sich das Leben nehmen.

* * *

Nach einem prüfenden Blick
auf seine Mitreisenden in der Untergrundbahn,
fragt er:»Bin wirklich ich
allein in diesem Wagen
froh, am Leben zu sein?«

* * *

Im Aufwachen denkt er:
»Ich wunderbares Wesen!
Zum Teufel alle, die dich schmälern!«

* * *

Wenn er dann zu Bett geht:
»Was *soll* ich nur tun?
Wieder hast Du Uns enttäuscht.«

Deutsch von Hilde Spiel

Since

On a mid-December day,
frying sausages
for myself, I abruptly
felt under fingers
thirty years younger the rim
of a steering-wheel,
on my cheek the parching wind
of an August noon,
as passenger beside me
You as then you were.

Slap across a veg-growing
alluvial plain
we raced in clouds of white dust,
and geese fled screaming
as we missed them by inches,
making a bee-line
for mountains gradually
enlarging eastward,
joyfully certain nightfall
would occasion joy.

It did. In a flagged kitchen
we were served broiled trout
and a rank cheese: for a while
we talked by the fire,
then, carrying candles, climbed
steep stairs. Love was made
then and there: so halcyoned,
soon we fell asleep
to the sound of a river
swabbling through a gorge.

Since then, other enchantments
have blazed and faded,

Seither

Eines Tages, mitten im Dezember,
als ich gerade Würstchen briet
für mich allein, fühlte ich
unvermittelt unter Fingern,
die dreißig Jahre jünger waren, die Rundung
eines Lenkrads,
auf meiner Wange den dörrenden Wind
eines Augustnachmittags,
als Beifahrer neben mir
dich, wie du damals warst.

Stracks durch eine Schwemmlandebene
voller Gemüsefelder
rasten wir dahin in Wolken weißen Staubs,
und Gänse flogen kreischend auf,
als wir sie um ein paar Zoll verfehlten,
in schnurgerader Linie ging es
auf Berge zu, die ganz allmählich
gen Osten sich verbreiterten,
in froher Sicherheit, die Dämmerung
brächte Freude.

So geschah es. In einer gekachelten Küche
trug man uns gebratene Forelle
und einen scharfen Käse auf: eine Weile
redeten wir am Feuer,
dann stiegen wir mit Kerzen in den Händen
eine steile Treppe hinauf. Sogleich
machten wir Liebe: so halkyonisch befriedet,
schliefen wir bald ein
beim Rauschen eines Flusses,
der durch eine Klamm schwappte.

Seither sind andere Verzauberungen
hell aufgelodert und verglüht,

enemies changed their address,
and War made ugly
an unaccountable number
of unknown neighbors,
precious as us to themselves:
but round your image
there is no fog, and the Earth
can still astonish.

Of what, then, should I complain,
pottering about
a neat suburban kitchen?
Solitude? Rubbish!
It's social enough with real
faces and landscapes
for whose friendly countenance
I at least can learn
to live with obesity
and a little fame.

January 1965

Feinde wechselten die Anschrift,
und der Krieg entstellte
eine unfaßbar große Anzahl
unbekannter Nachbarn,
sich selbst so kostbar wie wir uns:
doch um dein Bild
liegt kein Nebel, und die Erde
kann noch verblüffen.

Worüber sollte ich mich jetzt beklagen,
da ich vor mich hin werkele
in einer gepflegten Vorstadtküche?
Einsamkeit? Unsinn!
Ich habe genügend Gesellschaft an wirklichen
Gesichtern und Landschaften,
um deren freundlicher Miene willen
ich zumindest lernen kann,
mit Fettleibigkeit zu leben
und mit ein bißchen Ruhm.

Deutsch von Simon Werle

River Profile

Our body is a moulded river
Novalis

Out of a bellicose fore-time, thundering
head-on collisions of cloud and rock in an
up-thrust, crevasse-and-avalanche, troll country,
deadly to breathers,

it whelms into our picture below the melt-line,
where tarns lie frore under frowning cirques, goat-bell,
wind-breaker, fishing-rod, miner's-lamp country,
already at ease with

the mien and gestures that become its kindness,
in streams, still anonymous, still jumpable,
flows as it should through any declining country
in probing spirals.

Soon of a size to be named and the cause of
dirty in-fighting among rival agencies,
down a steep stair, penstock-and-turbine country,
it plunges ram-stam,

to foam through a wriggling gorge incised in softer
strata, hemmed between crags that nauntle heaven,
robber-baron, tow-rope, portage-way country,
nightmare of merchants.

Disemboguing from foothills, now in hushed meanders,
now in riffling braids, it vaunts across a senile
plain, well-entered, chateau-and-cider-press country,
its regal progress

gallanted for a while by quibbling poplars,
then by chimneys: led off to cool and launder
retort, steam-hammer, gasometer country,
it changes colour.

Profil eines Flusses

Daß unser Körper ein gebildeter Fluß ist
Novalis

Aus einer kriegerischen Vor-Zeit, donnernden
Frontalzusammenstößen von Wolke und Fels in einem
Hoch-Prall-, Bodenrisse-und-Lawinen-Land von Trollen,
tödlich allen, die atmen,

schwemmt er sich in unser Bild unter der Schmelzlinie,
wo Bergseen frieren unter frostigen Scheiben, Ziegenglocken-,
Windbrecher-, Angelruten-Land der Kumpel-Lampen,
schon vertraut mit

Miene und Gesten, die seiner Milde ziemen,
strömt heran, noch unbenannt, noch überspringbar,
fließt, wie er muß durch jedes abschüssige Land,
in forschenden Spiralen.

Bald von einem Ausmaß, das den Namen fordert, und Anstoß
häßlichen Bruderzwistes zwischen wetteifernden Wirkungsfeldern,
eine Steilstufe hinab, Land der Wasserräder und Pumpenrohre,
stürzt er rammend, stampfend,

zu durchschäumen eine schlängelnde Schlucht eingegraben in
weichere Schichten, gezwängt zwischen himmelschwellende Spitzen,
Land der Raubritter, des Zugseils, der Trageplätze,
Alptraum der Kaufleute.

Hervorschießend aus Vorbergen, bald in gedämpftem Mäander,
bald als geraffte Schnur, prahlt er durch eine altersschwache
Ebene, wohlbetretenes Land der Schlösser und Mostpressen,
sein königlicher Vormarsch

stattlich verschönt ein Weilchen durch preziöse Pappeln,
dann durch Schornsteine. Abgelenkt, zu kühlen und zu säubern
Land der Destillierkolben, Dampfhämmer, Gasometer,
wechselt er die Farbe.

Polluted, bridged by girders, banked by concrete,
now it bisects a polyglot metropolis,
ticker-tape, taxi, brothel, foot-lights country,
à la mode always.

Broadening or burrowing to the moon's phases,
turbid with pulverised wastemantle, on through
flatter, duller, hotter, cotton-gin country
it scours, approaching

the tidal mark where it puts off majesty,
disintegrates, and through swamps of a delta,
punting-pole, fowling-piece, oyster-tongs country,
wearies to its final

act of surrender, effacement, atonement
in a huge amorphous aggregate, no cuddled
attractive child ever dreams of, non-country,
image of death as

a spherical dew-drop of life. Unlovely
monsters, our tales believe, can be translated
too, even as water, the selfless mother
of all especials.

July 1966

Verschmutzt, überbrückt von Tragbalken, eingeufert in Beton,
halbiert er jetzt eine polyglotte Metropole,
Telegrafstreifen-, Taxi-, Bordell-, Rampenlichter-Land,
immer à la mode.

Breiter werdend oder sich einwühlend je nach Mondphasen,
trüb von staubförmiger Mülldecke, weiter durch
flacheres, faderes, heißeres Land der Baumwollmaschinen,
fegt er bis zu jener

Flutmarke, wo er seine Majestät abstreift,
auseinanderfällt, und durch Sümpfe eines Deltas,
Ruderstangen-, Jagdflinten-, Austernzangen-Land,
sich hinquält zu seinem letzten

Akt der Unterwerfung, Auslöschung, Buße
in einer riesigen amorphen Masse, wie sie kein
hübsches verwöhntes Kind sich je träumen läßt, Nicht-Land,
Inbild des Todes wie ein

sphärischer Tautropfen des Lebens. Unschöne
Monstren, glauben unsre Sagen, können auch verwandelt
werden, ganz wie Wasser, die selbstlose Mutter
aller Besonderheiten.

Deutsch von Hilde Spiel

Ode to Terminus

The High Priests of telescopes and cyclotrones
keep making pronouncements about happenings
    on scales too gigantic or dwarfish
    to be noticed by our native senses,

discoveries which, couched in the elegant
euphemisms of algebra, look innocent,
    harmless enough but, when translated
    into vulgar anthropomorphic

tongue, will give no cause for hilarity
to gardeners of house-wives: if galaxies
    bolt like panicking mobs, if mesons
    riot like fish in a feeding-frenzy,

it sounds too like Political History
to boost civil morale, too symbolic of
    the crimes and strikes and demonstrations
    we are supposed to gloat on at breakfast.

How trite, though, our fears beside the miracle
that we're here to shiver, that a Thingummy,
    so addicted to lethal violence
    should have somehow secreted a placid

tump with exactly the right ingredients
to start and to cocker Life, that heavenly
    freak for whose manage we shall have to
    give account at the Judgement, our Middle-

Earth, where Sun-Father to all appearences
moves by day from orient to occident,
    and his light is felt as a friendly
    presence, not a photonic bombardment;

Ode an Terminus

Die Hohenpriester der Teleskope und Zyklotronen
geben unentwegt Erklärungen ab über das, was geschieht
    und zu riesenhaft oder zu winzig ist für die Wahrnehmung
    unserer angeborenen fünf Sinne.

Entdeckungen, die elegant aussehen in der schönen
Verhüllung der Algebra, auch harmlos
    und ziemlich unschuldig, jedoch, übersetzt
    in die gemeine anthropomorphische

Mundart, kein Grund zur Heiterkeit sind
für Gärtner und Hausfrauen: wenn Milchstraßen
    wie von Panik erfaßter Mob ins Leere rasen, Mesonen
    wie Fische beim Füttern in Aufruhr geraten,

dann klingt das zu sehr nach politischer Geschichte,
um die Bürgertugend zu heben, zu sehr nach Symbol
    für Verbrechen, Streiks, Demonstrationen,
    woran wir uns weiden sollen beim Frühstück.

Wie platt unsere Angst doch ist – neben dem Wunder,
hier zu sein und zu schaudern, daß so ein Dingsda,
    ganz versessen auf Tod und Gewalttat,
    diesen gutartigen Haufen Erde doch irgendwie

zusammengerührt hat aus genau den richtigen Ingredienzien,
um Leben zu hecken und warm zu halten, diesen himmlischen
    Einfall, für dessen Pflege wir Rechenschaft
    geben müssen am Tag des Gerichts, unsere Mittelpunkt-

Erde, wo Sonnenvater für jeden, der Augen hat,
tagsüber von Osten nach Westen fährt,
    und sein Licht wird als freundliche Gegenwart
    empfunden, nicht als Photonenbeschuß;

where all visibles do have a definite
outline they stick to and are undoubtedly
    at rest or in motion; where lovers
    recognise each other by their surface,

where to all species the talkative
have been assigned the niche and diet that
    become them. This, whatever micro-
    biology may think, is the world we

really live in and that saves our sanity,
who know all too well how the most erudite
    mind behaves in the dark without a
    surround it is called on to interpret,

how, discarding rhythm, punctuation, metaphor,
it sinks into a drivelling monologue,
    too literal to see a joke or
    distinguish a penis from a pencil.

Venus and Mars are powers too natural
to temper our outlandish extravagance:
    You alone, Terminus the Mentor
    can teach us how to alter our gestures.

God of walls, doors and reticence, nemesis
overtakes the sacrilegious technocrat,
    but blessed is the City that thanks you
    for giving us games and grammar and metres.

By whose grace, also, every gathering
of two or three in confident amity
    repeats the pentecostal marvel,
    as each in each finds his right translator.

In this world our colossal immodesty
has plundered and poisoned, it is possible
    You still might save us who by now have
    learned this: that scientists, to the truthful,

wo alles Sichtbare deutlichen Umriß hat,
an den es gebunden bleibt, ruhend oder
    bewegt, und wo sich Liebende,
      einer den andern, an ihrer Oberfläche erkennen;

wo jeder Gattung, nur der redseligen nicht,
ihre Nische bestimmt ist und auch die Nahrung,
    die ihr bekommt. Denn das, was immer die Mikro-
      biologie darüber denkt, ist die Welt, auf der wir

in Wirklichkeit wohnen und die uns bei Sinnen erhält;
wir wissen es nur zu gut, wie noch der gelehrteste
    Geist sich im Dunkeln verhält ohne ein Gegenüber,
      das ihn zur Deutung zwingt,

und wie er, wenn Rhythmus, Metapher und Interpunktion
von ihm abfällt, in sabbernde Monologe versinkt,
    zu buchstäblich, um einen Witz zu verstehen
      und einen Penis von einem Pinsel zu unterscheiden.

Venus und Mars sind allzu natürliche Mächte,
um unsere Extravaganz zu bändigen:
    Du allein, Terminus, Mentor,
      kannst uns lehren, unsere Gesten zu ändern.

Gott der Mauern, Türen und der Verhaltenheit, Nemesis
wird ihn erlegen, den technokratischen Frevler,
    aber gesegnet die Stadt, die dir Dank weiß,
      daß du uns Spielregeln gabst und Grammatik und Versmaß:

Weil durch deine Gunst jedwede Versammlung
von zweien oder dreien in Vertrauen und Freundschaft
    das pfingstliche Wunder erneuert,
      wo jeder in jedem den rechten Übersetzer findet.

Dies ist die Welt, die wir in wilder Vermessenheit
ausgeraubt und vergiftet haben, und doch ist es möglich,
    daß du uns noch einmal bewahrst, wenn wir endlich
      begreifen lernen, daß Wissenschaft, um wahrhaftig zu sein,

must remind us to take all they say as a
tall story, that abhorred in the Heav'ns are all
     self-proclaimed poets who, to wow an
     audience, utter some resonant lie.

May 1968

zugeben muß: alles, was sie zu sagen hat, ist im Grunde
Jägerlatein, und dem Himmel wird grauen vor denen,
   die sich selbst zu Dichtern ernennen, um
   ihr Auditorium zu verblüffen mit volltönenden Lügen.

Deutsch von Hans Egon Holthusen

Circe

Her Telepathic-Station transmits thought-waves
the second-rate, the bored, the disappointed,
and any of us when tired or uneasy,
    are tuned to receive.

So, though unlisted in atlas or phone-book,
Her Garden is easy to find. In no time
one reaches the gate over which is written
    large: MAKE LOVE NOT WAR.

Inside it is warm and still like a drowsy
September day, though the leaves show no sign of
turning. All around one notes the usual
    pinks and blues and reds,

a shade over-emphasized. The rose-bushes
have no thorns. An invisible orchestra
plays the Great Masters: The technique is flawless,
    the rendering schmaltz.

Of Herself no sign. But, just as the pilgrim
is starting to wonder »Have I been hoaxed by
a myth?«, he feels Her hand in his and hears Her
    murmuring: *At last!*

With me, mistaught one, you shall learn the answers.
What is Conscience but a nattering fish-wife,
The Tree of Knowledge but the splintered main-mast
    of The Ship of Fools?

Consent, you poor alien, to my arms where
sequence is conquered, division abolished:
soon, soon, in the perfect orgasm, you shall, pet,
    be one with the All.

Circe

Ihre Telepathie-Station sendet Gedankenwellen,
die Zweitrangigen, Angeödeten, Enttäuschten,
und all jene von uns, die müde oder unsicher sind,
    können sie empfangen.

Ihr Garten, obschon nicht verzeichnet im Atlas oder Telefonbuch,
ist darum leicht zu finden. Im Nu
erreicht man das Tor, darüber groß geschrieben steht:
    MAKE LOVE NOT WAR.

Drinnen ist es warm und reglos wie ein schläfriger
Septembertag, wenn auch die Blätter sich nicht
färben wollen. Ringsum bemerkt man das übliche
    Rosa und Blau und Rot,

etwas zu stark getönt. Die Rosensträucher
sind ohne Dornen. Ein unsichtbares Orchester
spielt die alten Meister: mit makelloser Technik,
    doch kitschig dargebracht.

Von ihr selbst keine Spur. Doch gerade wenn der Pilger
sich zu fragen beginnt: »Bin ich einem Mythos
aufgesessen?«, fühlt er ihre Hand in der seinen und hört sie
    murmeln: *Endlich!*

Von mir, du falsch Belehrter, sollst du die Antworten erfahren.
Was ist das Gewissen als ein schnatterndes Fischweib,
Was der Baum der Erkenntnis als der gespaltene Topmast
    des Narrenschiffs?

Ergib dich, armer Fremdling, in meine Arme, hier ist
die logische Folge besiegt, jeder Widerstreit beseitigt:
bald, bald, Liebster, sollst du im vollkommenen Orgasmus
    mit dem All verschmelzen.

She does not brutalise Her victims (Beasts could
bite or bolt, She simplifies them to flowers,
sessile fatalists who don't mind and only
    can talk to themselves.

All but a privileged Few, the elite She
guides to Her secret citadel, the Tower
where a laugh is forbidden and DO HARM AS
    THOU WILT is the Law.

Dear little not-so-innocents, beware of
Old Grandmother Spider: rump Her endearments.
She's not quite as nice as She looks, nor you quite
    as tough as you think.

May 1969

Sie behandelt ihre Opfer nicht viehisch (Tiere könnten
ausreißen oder beißen), sie vereinfacht sie zu Blumen,
seßhaften Fatalisten, die sich fügen und nur
    mit sich selbst reden können,

bis auf wenige Auserwählte. Die Elite führt sie
zu ihrer geheimen Zitadelle, dem Turm,
wo kein Lachen erlaubt ist, und TU ÜBLES
    NACH DEINER LUST das Gesetz.

Ihr kleinen Nicht-so-Schuldlosen, hütet euch
vor der Großmutter Spinne, stoßt zurück ihre Zärtlichkeiten.
Sie ist nicht ganz so nett, wie sie aussieht, und ihr nicht
    ganz so stark, wie ihr meint.

Deutsch von Hilde Spiel

An Encounter

The Year: 452. The Place: the southern
bank of the River Po. The Forelook: curtains
on further hopes of a Western and Christian
    civilisation.

For Attila and his Hun Horde, slant-eyed, sallow,
the creatures of an animist horse-culture,
dieted on raw-meat and goat-cheese, nocent to
    cities and letters,

were tented there, having routed the imperial
armies and preyed the luscious North, which now lay
frauded of mobile goods, old sedentary
    structures distorted.

Rome was ghastly. What earthly reason was there
why She should now not be theirs for the taking?
The Pope alone kept his cool, to the enemy
    now came in person,

sequenced by psalm-singing monks: astonished,
Attila stared at a manner of men so
unlike his. »Your name?«, he snapped at their leader.
    »Leo«, he answered, raising

his right hand, the forefinger pointed upwards,
the little finger pressed to the thumb, in the
Roman salute: »I ask the King to receive me
    in private audience.«

Their parley was held out of earshot: we only
know it was brief, that suddenly Attila
wheeled his horse and galloped back to the encampment,
    yelling out orders.

Eine Begegnung

Das Jahr: 452. Der Ort: das südliche
Ufer des Po. Die Voraussicht: ein Ende
weiterer Hoffnung auf eine westliche, christliche
    Zivilisation.

Denn Attila und seine Hunnenhorde, schlitzäugig, fahl,
Geschöpfe einer animistischen Pferdekultur,
genährt durch rohes Fleisch und Ziegenkäse, verderblich
    Städten und Literaturen,

zelteten dort, nachdem sie die kaiserlichen Armeen
geschlagen und den üppigen Norden ausgeraubt, der nun dalag,
betrogen um bewegliche Güter, die alten ansässigen
    Gebäude entstellt.

Rom war totenbleich. Warum in aller Welt
sollten sie's nicht einfach einstecken?
Allein der Papst bewahrte Haltung, kam persönlich,
    den Feind aufzusuchen,

gefolgt von psalmodierenden Mönchen. Erstaunt,
starrte Attila auf eine Art von Männern, so anders
als die seinen. »Dein Name?« fuhr er ihren Anführer an.
    Der erwiderte »Leo«, indem er

die rechte Hand hob, den Zeigefinger nach oben,
den kleinen Finger an den Daumen gepreßt, zum
römischen Gruß: »Ich ersuche den König, mich in
    Privataudienz zu empfangen.«

Ihre Unterredung fand außer Hörweite statt. Wir wissen
nur, daß sie kurz war, daß Attila plötzlich
sein Pferd herumriß und zurückgaloppierte ins Lager,
    Befehle brüllend.

Next morning the site was vacant: they had vanished,
never to vex us again. What can Leo have
actually said? He never told, and the poets
    can only imagine

speeches for those who share a common cosmos:
all we can say is that he rose to the occasion,
that for once, and by His own standards, the Prince of
    this world showed weakness.

July 1970

Am nächsten Morgen lag der Schauplatz leer; sie waren
verschwunden, um uns nie mehr zu stören. Was kann Leo
wirklich gesagt haben? Er verriet es nie, und die Dichter
    können sich Gespräche ausdenken

Nur für solche, die dasselbe Weltall bewohnen.
Wir können nicht mehr sagen, als daß er Herr der Situation war,
daß zumindest diesmal der Fürst der Welt, nach eigenem Maßstab,
    sich schwach erwies.

Deutsch von Hilde Spiel

Hinweise des Herausgebers

Dieser zweisprachigen Auswahl aus dem lyrischen Werk Wystan Hugh Audens sind zwei Publikationen vorangegangen: »Gedichte/ Poems«, herausgegeben von Wolfgang Kraus, erschienen im Europa Verlag, Wien 1973, und im Deutschen Taschenbuch Verlag, München 1976, und »Anrufung Ariels. Ausgewählte Gedichte Englisch/Deutsch«, erschienen in der Serie Piper (Band 842), München 1987. Die hier wieder abgedruckten Übertragungen von Erich Fried, Hans Egon Holthusen und Ernst Jandl sind aus dem ersten dieser Bände in den zweiten übernommen und durch Übersetzungen von Simon Werle ergänzt worden; außerdem stammen aus ihm die Texte von Astrid Claes und E. Lohner, Herbert Heckmann, Claus Pack, Hilde Spiel und Herta F. Staub. Neu übersetzt sind für unseren Band die Gedichte »Stop all the clocks«, »1st September 1939« und die »Sonnets from China« (in einer früheren Fassung: »In Time of War«).

Der englische Wortlaut der Gedichte stimmt mit demjenigen der 1976 und 1991 von Edward Mendelson herausgegebenen »Collected Poems« überein; nur das Gedicht »1st September 1939« ist dem Band »Collected Shorter Poems« (1966) entnommen. Einleitung und Anhang zu Mendelsons Edition, der auch die Vorworte Audens entnommen sind, geben Auskunft über die Textgeschichte.

H. H.